beck'sche reihe

bsr

Als er weg ist, wird die Eifersucht zur quälenden Obsession, und sie stellt ihre ganze Ehe in Frage. Um gegen den Schmerz anzugehen, inszeniert sie eine Affäre mit einem ehemaligen Schulfreund, aber die erhoffte Linderung bleibt aus.

Ihr Mann kommt zurück und sie begreift mit einem Schlag, dass ihre Phantasien völlig ins Leere liefen. Diese Erkenntnis schockiert sie, denn damit hat sie überhaupt nicht gerechnet. Der Schock wird noch viel größer, als sie unverhofft ihrem Vater wiederbegegnet, der vor vielen Jahren die Familie verlassen hat – wegen der Affäre mit einer anderen Frau. Sie will ihn endlich zur Rede stellen, aber die Geschichte, die er über die Familie erzählt, ist eine ganz andere als die, die ihre Mutter erzählt und die ihre ganze Kindheit geprägt hat.

Im Finale dieses Buches läßt Julia Onken scheinbar festgefügte Wahrheiten Stück für Stück zusammenbrechen, und am Ende des Gefühlskrimis steht eine Frau, die Frieden mit den Albträumen ihrer Jugend schließen kann und endlich befreit in die Zukunft blickt.

Julia Onken ist diplomierte Psychologin, Psychotherapeutin, Leiterin des Frauenseminars Bodensee, Dozentin in der Erwachsenenbildung und vielfache Buchautorin.

Julia Onken

Am Tag der weißen Chrysanthemen

Ein Bericht über Liebe und Eifersucht

Verlag C. H. Beck

Originalausgabe

Gesamtherstellung: Druckerei C. H. Beck, Nördlingen
Umschlagentwurf: +malsy, Willich
Umschlagabbildung: © Corbis RF
Printed in Germany
ISBN 978 3 406 54758 4

www.beck.de

I

Ich hätte zweifellos Nein sagen können. Stattdessen antwortete ich, warum auch nicht, das ist eine fabelhafte Idee, längst fällig, wir können endlich das tun, was uns Spaß macht, und müssen nicht ständig aufeinander Rücksicht nehmen, du kannst endlich deinen Segeltörn machen, und ich gehe derweil in sämtliche Opern, Konzerte oder lass mich in wunderbaren Wellnessprogrammen verwöhnen und was es sonst noch Herrliches gibt, was ich gerne möchte und dich nicht interessiert. Das klang alles sehr selbstverständlich, so selbstverständlich, wie es eben in einer normalen Ehe sein sollte, wenn der eine sagt, ich gehe schnell mal zur Post, während du die Blumen gießt. Hinterher frühstücken wir gemeinsam.

Und genau diesem Wunsch, ja diesem Drang nach Normalität bin ich auf den Leim gegangen. Sonst hätte ich gesagt, da mache ich nicht mit, kommt überhaupt nicht in Frage, nur über meine Leiche. Und die Sache wäre vom Tisch gefegt gewesen.

Seit jener von mir selbstverständlich dahingeplätscherten Zusage ist nämlich mein ganzes gedankliches Ordnungssystem aus den Fugen geraten. Aber ich lasse mir nichts anmerken. Schatz, sage ich, du solltest langsam daran denken, deine Sachen zu packen, hilfst du mir dabei, fragt er, das kannst du viel besser als ich, klar, sage ich, ich helfe dir gerne, das weißt du doch, wann sollen wir anfangen, das hat noch Zeit, meint er. Ja, das hat noch Zeit.

Dann schiebt sich die Sache mit Max, unserem Boxerrüden, in die sich anbahnende Unruhe der bevorstehenden Abreise, der plötzlich kotzt und überall seine Exkremente fallen lässt, mit großer Vorliebe auf die chinesische Teppichbrücke, auf das handgewobene Sitzkissen und genau überall auf das, was uns besonders lieb und teuer ist. Wir pulen aus allen Ritzen, Rillen und Falten, was Max von sich gibt, sind in großer Sorge, hoffen, es sei nichts Ernsthaftes, eilen unverzüglich zum Tierarzt, der sagt gleich, das sieht nicht gut aus, Ausstülpungen im Darm sind es, die ihm zu schaffen machen und die Inkontinenz verursachen, das muss so schnell wie möglich operiert werden, das ist eine größere Sache und wird hinterher noch einiges an aufwändiger Pflege nach sich ziehen. Wir haben keine Wahl und willigen sofort in die Operation ein. Er will seinen Segeltörn absagen, das geht doch nicht, du mit dem pflegebedürftigen Max, sagt er, ganz allein, vielleicht muss man ihn sogar herumtragen, ich blase lieber meine Reise ab, Max ist mir wichtiger als alles andere, das kommt überhaupt nicht in Frage, kontere ich, nur weil der Hund indisponibel ist, kannst du doch nicht auf etwas verzichten, was du dir schon seit Jahren gewünscht hast. Eine solche Gelegenheit kommt nicht so schnell wieder, und schließlich musst du auch mal an dich denken, so argumentiere ich beinahe suggestiv und arbeite zielsicher gegen meine eigenen Interessen.

Ich weiß wirklich nicht, welcher Teufel mich geritten hat, als ich alle seine doch so einleuchtenden Argumente, die dafür sprachen, das Unternehmen abzublasen, mit meiner Gegenargumentation entkräftete. Ich bin wie von der Tarantel gestochen: Er muss verreisen, auch wenn mir die Vorstellung davon beinahe den Atem verschlägt. Und selbst als er auch noch den Vorschlag macht, dass wir während seiner ganzen dreiwöchigen Abwesenheit nicht telefonieren wollen, willige ich sofort ein, klar, sage ich, das muss mal aufhören mit dieser ständigen Telefoniererei. Wenn einer von uns aus dem Haus ging, riefen wir uns alle paar Stunden an. Nein, nicht etwa Sehnsuchtsgeflüster oder Derartiges, vielleicht früher einmal, aber jetzt nicht mehr, vielleicht bis auf ein paar codierte Sätze, die im Netz der Gewohnheit hängen geblieben sind und sich so aus jener verliebten Zeit herübergerettet haben, in der wir noch einfallsreich und erfinderisch waren und vom Drang beseelt, ständig einander zu versichern, dass wir ohne einander nicht leben können. Einer sagte etwa Hatschi-mi-ri? Was so viel hieß wie hast-du-mich-richtig-und-kritiklos-lieb? Und der andere antwortete dann wie aus der Pistole geschossen Hatschi-do-mi-no, und das hieß dich-und-mich-und-du-in-mir-auf-immer-und-ewig. Davon sind wir weitgehend abgekommen. Es fällt uns einfach nicht mehr ein. Er hat die Angewohnheit, seine Abreisen telefonisch zu dokumentieren, ich bin jetzt gerade bei der Raststätte und tanke noch Benzin, später folgt der Straßenverkehrsbericht, es geht ziemlich zügig voran, dann werden mir die ersten Meldungen über Zwischenverpflegungen gemacht, ich esse gerade ein dünnbelegtes Salami-Sandwich und trinke einen Kaffee, der scheußlich schmeckt. Irgendwann verliert sich dann seine Mitteilungsfreudigkeit, und er ist so weit abgenabelt, dass er mir nicht über jedes Pinkelereignis Mitteilung macht. Aber ich gebe es gerne zu, seine Anhänglichkeit irgendwie zu genießen. Ich hingegen neige eher dazu, meine Ankunft frühzeitig anzukündigen, soeben bin ich aufgebrochen und werde in ca. einer Stunde zu Hause sein. Der letzte Anruf folgt dann noch aus der Garage: Ich bin da. Es wäre mir unmöglich, mich mit jener Selbstverständlichkeit einfach wieder daheim einzufinden, mit der ich gegangen bin. Ich halte mich auch immer strikt an die vorgegebenen Ankunftszeiten und komme in große Bedrängnis, wenn ich früher als angekündigt wieder eintreffen sollte. Manchmal trödle ich noch etwas herum, fahre absichtlich Umwege, erkunde Nebenstraßen, um nur nicht in nicht abgesprochene Zeitzonen einzudringen und zu früh zu Hause anzukommen.

Ja, ich finde das wirklich eine ausgezeichnete Idee, wenn wir uns während der ganzen Zeit deiner Abwesenheit nicht anrufen, ist doch auch viel vernünftiger, sagt er, zudem bin ich wahrscheinlich gar nicht zu erreichen, ich nehme mein Handy auch nicht mit, es gibt ein Bordtelefon für Notfälle, also wenn sich die Situation mit Max zum Beispiel verschlechtern sollte, dann müsstest du mich benachrichtigen, dann würde ich meine Reise unverzüglich abbrechen, das ist doch klar. Ja, das ist doch klar.

Und irgendwie vermag mich dieser Gedanke etwas zu beruhigen. Max wäre also noch meine letzte Rettung, wenn ich es denn nicht mehr aushielte.

Ich zähle insgeheim die Tage. Noch zwölfmal schlafen, noch elfmal, und ich beobachte ihn ganz genau. Und es ist eine einzige Frage, die sich wie eine Zecke mitten in mein Herz hineingebohrt hat: Wer wird wohl alles mit an Bord sein? Während ich versuche, an meinem Zappgerät die Batterien auszuwechseln, frage ich ganz nebenbei danach, also nicht direkt, sondern nuschle es mehr zufällig vor mich hin, ich will dieser Frage nicht eine derart große Bedeutung beimessen, dass ich sie zum Gegenstand eines echten Gespräches machen wollte. Ach, sagt er, die Crew steht noch nicht definitiv fest, da sind einmal zwei Kollegen aus dem europäischen Projekt dabei und vier aus unserem Betrieb, alles Männer, werfe ich mit leicht fragendem Unterton ein, ja, bis jetzt schon, aber es hat sich noch eine unserer Mitarbeiterinnen aus der PR-Abteilung dafür interessiert, aber es ist noch nicht sicher, aha, sage ich beiläufig, als ob mich diese Mitteilung weit weniger interessierte als das Hineinwürgen der Batterien, die mir prompt aus der Hand springen, unter eine Kommode rollen, wo ich sie genervt versuche wieder hervorzufischen, was mir nicht gelingt, da sie sich in die hinterste Ecke verkrochen haben und ich zuerst das schwere Möbel von der Wand wegschieben muß, komm, sagt er, ich helfe dir doch, ich mach das, nein, lass das, ich kann das schon. Dann entdecke ich zufällig nochmal Erbrochenes von Max und beginne zu schrubben, hol doch bitte den Dampfreiniger, sonst bringen wir das nie mehr raus. Er holt bereitwillig, fegt, schrubbt, rubbelt, bürstet, frottiert, sucht die Batterien, zwängt sie in das Gerät, ich beobachte ihn aus den Augenwinkeln heraus und denke, so verhält sich nur einer, der was im Schilde führt und sein schlechtes Gewissen präventiv etwas besänftigen will.

Die Operation von Max ist gut verlaufen. Drei lange Schnitte. Ich verarzte, er darf nur Flüssiges zu sich nehmen, stündlich Gassi gehen, die Wunden immer wieder säubern, ich bin beschäftigt und widme mich emsig den tausend Dingen aller Art, die so ein Leben mit frisch operiertem Hund, unsäglich vielen Pflanzen auf der Dachterrasse und einem vor der Abreise stehenden Ehegatten zu bieten hat, soll ich dir nun nicht doch eine neue Badehose kaufen, frage ich, nicht ohne Hintergedanken an die durch die Jahre im Schritt ausgeleierten, nein, sagt er, die alte ist noch in Ordnung, noch drei Nächte, noch zwei, noch eine einzige, letzte Nacht, bis ich aus meinem vermeintlichen Eheglück herausgeschleudert sein werde.

Ich will alles genießen bis zum letzten Atemzug. Schließlich hatten wir gute Jahre zusammen, sehr gute sogar. Zwar hatte ich stets auf diesen einen Moment gelauert, immer sprungbereit, alles einkalkulierend, damit es mich nicht unvorbereitet erwischt. Nur das nicht. Der Blick einer Ehefrau, die aus heiterem Himmel jäh eins über die Rübe bekommen hat, ist unerträglich. Dieses ergebene Vor-sich-hin-Starren, dieses narkotisierte Dreinschauen, dieser Opferlammblick, schaut, was er mir angetan hat, ich war so gut zu ihm, und nun das, dieser

Ausbund an waidwund geschossenem Frauendasein, wenn die Felle davonschwimmen und die ehemännlichen Subventionen zu versickern drohen, dieses durch und durch entwürdigende Ausgeliefertsein, das kommt bei mir nicht in Frage. Ich würde nicht jammern und nicht zusammenbrechen. Ich würde handeln. Sofort die Koffer packen. Und gehen. Oder ihm alle seine Sachen vor die Haustüre stellen. Schatz, wieviele Unterhosen soll ich dir einpacken, frage ich freundlich besorgt, nur nicht zuviele, antwortet er, ich gehe nicht zu einem Kongress, sondern auf einen Segeltörn, hat sich nun eure Mitarbeiterin entschlossen mitzufahren, ja, sie hat, das finde ich gut, da habt ihr wenigstens jemanden dabei, der für euch kocht. Und mit dieser Bestätigung ist es mit meiner Ruhe endgültig aus und vorbei. In meiner Phantasie binde ich ihr gleich eine Küchenschürze um, stelle sie in die viel zu kleine Kajüte, wo ich sie mir in den nächsten Tagen bei Hitze und bei Wellengang vorstelle, wie sie für eine siebenköpfige Mannschaft kocht, um ihr Dabeisein abzudienen. Ich möchte gerne wissen, wie sie heißt, will aber doch nicht so plump nach dem Namen fragen wie eine völlig durchgeknallte Ehefrau, der die Eifersucht die ganze Logik durchlöchert hat, und da ich es dennoch irgendwie herauskriegen will, sage ich einfach so ins Blaue hinein, ja, das tut der Claudia auch gut, einmal auszuspannen, und prompt kommt es aus ihm herausgeschossen, wie kommst du denn auf Claudia, nein, die kommt nicht in Frage, es ist Eveline. Eveline also. Und so, wie er den Namen ausspricht, wie er das weiche V auf seinen Lippen zu einem W zusammenbündelt, einerseits konzentriert penetrierend, andererseits dabei die Luft sanft, beinahe zärtlich über die vorderste Spitze seiner Zunge wehen lässt, das E in einer versonnenen Unendlichkeit nachkostet wie etwa nach dem Genuss einer köstlichen Praline, sagt es mir alles. Ich weiß also Bescheid. Ich bin ja schließlich nicht blöd. Ein abgekartetes Spiel. Eveline trägt unter der Kochschürze nichts, jawohl, sie ist hinten offen, also kochend jederzeit begehbar, was er zweifellos bei jeder sich bietenden Gelegenheit in Anspruch nehmen würde, und während die anderen auf dem Deck gegen Sturm und Wellen kämpfen, fickt er sie einfach von hinten. Beim Kochen. Später wird er mir dann beteuern – falls es überhaupt je noch zu einer Aussprache zwischen uns kommen sollte, was ich sehr bezweifle –, ich habe sie dabei nie angesehen, ich habe mir vorgestellt, du wärst es, und vielleicht flüstert er mir noch Hatschi-mi-ri ins Ohr, ein strategischer Versuch, mich zu betäuben, um mir weiszumachen, dass das letztlich von keinerlei Bedeutung gewesen sei. Aber da hat er sich gehörig getäuscht. Dann würde ich mir nämlich ziemlich cool eine Zigarette anzünden, den Blick in die Ferne richten, einen abgrundtiefen Zug nehmen, der mir nicht nur die Lungenspitzen, sondern auch die Herzflügel betäubte, und beim Ausatmen würde ich ihm eiskalt durch den bläulichen Dunst des Rauches den allerletzten Satz blasen: Verschwinde und mach Harakiri. Aber richtig.

Das wird's dann wohl gewesen sein. Wie alles andere, das ich in Sachen Liebe erlebt hatte, auch eines Tages einfach so gewesen war, flugs vorbei, Motorschaden im Lebenslauf, mit beinahe freundschaftlicher Beziehung zum

Buchhandlung
Mathilde Wild
Kirchstr. 52
52499 Baesweiler
Tel.02401/1577

07.10.08 11:21:23

Vorgangs-Nr: 2446
Terminal-ID: 58023867
Trace-Nr: 10566
Beleg-Nr: 1725

KARTENZAHLUNG

electronic cash
BLZ: Konto Nr.:
39050000 0048177190 0
Gültig bis: 12/08

AIDPara: 000151070D
AID: A44A3D53

Total:
EUR 33.80

Zahlung erfolgt

Ermächtigung zur Adressenweitergabe

Ich ermächtige mein Kreditinstitut, das durch die umseitig angegebene Bankleitzahl bezeichnet ist, bei Nichteinlösung der Lastschrift oder bei Widerspruch gegen die Lastschrift dem Unternehmen auf Aufforderung meinen Namen und meine Anschrift mitzuteilen, damit das Unternehmen seinen Anspruch gegen mich geltend machen kann.

....

Unterschrift (Betrag siehe Vorderseite)

Ermächtigung zum Lastschrifteinzug

Ich ermächtige hiermit das umseitig genannte Unternehmen, umseitig ausgewiesenen Rechnungsbetrag von meinem durch Konto-Nummer und Bankleitzahl bezeichneten Konto durch Lastschrift einzuziehen.

Ermächtigung zur Adressenweitergabe

Ich ermächtige mein Kreditinstitut, das durch die umseitig angegebene Bankleitzahl bezeichnet ist, bei Nichteinlösung der Lastschrift oder bei Widerspruch gegen die Lastschrift dem Unternehmen auf Aufforderung meinen Namen und meine Anschrift mitzuteilen, damit das Unternehmen seinen Anspruch gegen mich geltend machen kann.

....

Unterschrift (Betrag siehe Vorderseite)

Ermächtigung zum Lastschrifteinzug

Ich ermächtige hiermit das umseitig genannte Unternehmen, umseitig ausgewiesenen Rechnungsbetrag von meinem durch Konto-Nummer und Bankleitzahl bezeichneten Konto durch Lastschrift einzuziehen.

Ermächtigung zur Adressenweitergabe

Ich ermächtige mein Kreditinstitut, das durch die umseitig angegebene Bankleitzahl bezeichnet ist, bei Nichteinlösung der Lastschrift oder bei Widerspruch gegen die Lastschrift dem Unternehmen auf Aufforderung meinen Namen und meine Anschrift mitzuteilen, damit das Unternehmen seinen Anspruch gegen mich geltend machen

Scheitern, da vielfach darin geübt. Das allererste Rendezvous ging bereits daneben. Es war Sonntagnachmittag, wo willst du hin, fragte meine Mutter, nur etwas spazieren mit meiner Freundin Susi, flunkerte ich, das glaube ich nicht, du richtest dich her wie eine kleine Nutte, fang mir nur nicht damit an, du siehst doch, wo es immer endet, damit meinte sie sich selbst. Ich ging trotzdem und wartete eine geschlagene Stunde unter dem Stadttor. Und als ich wie ein vertriebener Hund zurückkam, konnte ich ihr den Hochgenuss, es wieder einmal im Voraus richtig geahnt zu haben, nicht einmal verübeln. Die Stunde unter dem Stadtportal hat mich auf mein zukünftiges Liebesleben vorbereitet: Meine Anziehung auf das andere Geschlecht ließ offensichtlich sehr zu wünschen übrig, ich würde niemals einen Mann bekommen, der leidenschaftlich in mich verliebt war. Diese Erkenntnis war für mich zwar nicht neu, aber es war definitiv der Tag, an dem ich aufhörte, mir einen passenden Mann zu wünschen, einen, der mir gefiel. Dann kam der Kurt, dann der Hans, dann der Tobias, besser so einen als gar keinen, kalkulierte ich, aber sie waren nie erste Wahl, vor allem Hans war für mich gewöhnungsbedürftig, aber ich sagte mir, wenn es mir gelingt, auch diesem Mann etwas Nettes abzugewinnen, bin ich für den Rest meines Lebens saniert. Nachdem ich mich über Wochen darum bemüht hatte, mich an ihn zu gewöhnen, warf er das Handtuch: Er hatte eine andere gefunden.

Und all die anderen, mit denen ich mich in einem Geplänkel versuchte, sich bei mir aber nie ein tolles Gefühl des Verliebtseins einstellen wollte und ich mir immer mit etwas Fantasie auf die Sprünge helfen musste, assistiert von meiner Freundin. Einer hatte mich einmal einfach vergessen, ich sei ihm zum Hirn hinausgefallen, entschuldigte er sich, nimm es nicht persönlich, tröstete er mich, und ich dachte, ich bin eben eine von denen, die einfach irgendwann durch das Sieb fallen. Pech gehabt. Wenn ich aber ganz ehrlich bin, hatte jede Trennung auch etwas Erleichterndes gebracht, quasi als Kehrseite der Medaille, ein kurzes Aufatmen, kurzfristig keine aufgepolsterten Büstenhalter zu tragen, nicht täglich die Haare waschen zu müssen, um etwas mehr Volumen hineinzubringen, sich nicht ständig zu bemühen, besonders hübsch, anziehend und begehrenswert zu sein. Erholungsphase zwischen den Wettläufen. Einige Male hatte ich mich noch nicht einmal richtig hingesetzt, da kam schon der Nächste und nahm mich einfach mit, und das Spiel begann von vorne. Meine Mutter hatte Recht: Sie sind nicht nur alle gleich, sondern die Erlebnisse gleichen sich wie ein Ei dem anderen.

Und wenn ich nun an meine Ehe denke, so gibt es natürlich auch hier – neben all dem Glück – höchst Unerfreuliches. Die problematische Seite unseres Zusammenlebens bezieht sich vor allem auf einen Bereich, der mich schon allein beim Gedanken, ihn für immer loszuwerden, in eine eigenartige Vorfreude zu versetzen vermag. Der Anlass meines Grams ist banal: Es ist das Auto. Obwohl ich eine ausgezeichnete Autofahrerin bin und bis jetzt noch nie einen ernsthaften Crash gebaut habe – im Gegensatz zu ihm –, hat es mich in letzter Zeit immer wieder einmal beim Einparken erwischt. Eine winzige Delle, eine zwergenhafte Beule, einige kaum sichtbare Kratzer, mehr nicht. Aber er gebärdet sich, als ob ich ihm seine Schneidezähne eingeschlagen hätte! Ich mache also in mein Auto eine Delle, es ist mein eigenes Auto, es ist demzufolge meine Delle, und es ist mein selbst verdientes Geld, mit dem ich die Reparatur bezahle! Selbst als ich in weiser Voraussicht eine Parkschadenversicherung abschloss und sie in Anspruch nehmen wollte, wetterte er in gleicher Manier los, geriet außer sich und wollte sich nicht mehr beruhigen. Es ist bereits so, dass ich jedes Mal beim Einparken nasse Hände bekomme, weil ich ihn schon herumschreien höre, wie er mich zusammenscheißt, und während ich versuche, mein Fahrzeug in die Lücke zu zirkeln, schwitzend und mit bis zum Hals klopfendem Herzen und einem vor Angst eingeschränkten Blickwinkel, höre ich dieses verdächtige knackende Geräusch, und dann weiß ich, es ist wieder so weit. Die Angelegenheit hat sich inzwischen bereits zu einem derartigen Desaster ausgewachsen, dass ich mir oft überlege, nicht doch lieber ein Taxi zu bestellen, als mich nochmals in diese Gefahrenzone zu begeben, in der meine Ehe ernsthaft gefährdet ist. Nun, vielleicht werde ich auch dieses Problem auf einen Schlag los, er wird sich auf ein neues Opfer stürzen, und wenn er sie nicht gerade von hinten vögelt, wird sie auch mal einkaufen gehen, dann ist die Chance groß, dass sie einmal eine Delle beim Einparken einfängt. Und wenn sie einen solchen Zusammenschiss einmal überlebt hat, ist sie entweder für den Rest ihres Lebens traumatisiert und wird folglich noch weitere Dellen liefern, oder sie macht das, was ich nie in der Lage war zu tun: Sie lässt ihn einfach im Regen stehen. Mir kamen zwar auch schon derartige Gedanken, mit einer Beule einfach nie mehr nach Hause zurückzukehren, wie Kinder, die nicht wagen, mit schlechten Noten vor den Augen der Eltern aufzukreuzen. Vielleicht würde er mich vermissen, vielleicht aber würde ich auch aus seinem Erinnerungssieb herauskullern wie eine Kaffeebohne, die unter den Kochherd rollt, er würde den Hund füttern, würde irgendwann bemerken, dass der Kühlschrank leer ist, dann würde er zuerst bei Susi anrufen und dann herumfragen, habt ihr zufällig meine Frau gesehen, und dann würde er eben selbst einkaufen. Ich würde zuerst bei einer Freundin unterkommen, dann irgendwo eine eigene Wohnung nehmen und so leben wie jetzt, einen Tag nach dem anderen nehmen, wie er ist, mit wenigen Ausschlägen nach oben und nach unten. Ich würde meiner Arbeit nachgehen, würde gewissenhaft meine Rechnungen bezahlen, mit den Menschen um mich herum einige Worte wechseln, und vielleicht gäbe es irgendetwas Unvorhergesehenes wie etwa einen Vogel, der plötzlich gegen die Fensterscheibe schlägt, eine laute Musik aus der Wohnung des Nachbarn, das die Gleichmäßigkeit meines Lebens kurz unterbrechen würde. Jedenfalls würde ich mich nie mehr auf eine neue Liebesbeziehung einlassen, ich wäre für den Rest meines Lebens bedient.

Diese Szene habe ich schon oft in meinem Kopf durchgespielt, aber wenn es dann so weit ist, sie in die Realität umzusetzen, versagt mir der Mut. Statt dass ich einfach alles hinschmeiße und gehe, lasse ich mich zu völlig albernen Versprechen hinreißen, wie etwa in Zukunft besser aufzupassen.

II

Seit einer Stunde ist er weg. Wegen Max kann ich ihn nicht bis zum Flughafen begleiten, ich kann dieses arme Tier nicht alleine lassen. Und mir ist das sehr recht. Ich klopfe ihm beim Abschied auf die Schulter, krame noch einige Seemannssprüche aus dem Keller, sage kumpelhaft Mast- und Schotbruch, halt die Ohren steif, doch bereits diese aufmunternden Worte wollen nicht mehr so ganz passen. Aber, und das ist mir besonders wichtig, ich falle also nicht von Trennungsschmerz gepeinigt in Ohnmacht oder dergleichen, sondern bleibe ziemlich klar im Kopf. Den Straßenverkehrsbericht bis zum Flughafen meldet er bereits zum vierten Mal. Was wird er sagen, wenn er sich auch stimmlich verabschiedet? So viel steht fest: Ich, auf jeden Fall, mache auch am Telefon kein großes Theater, schließlich weiß ich noch nicht, wie die Sache ausgehen wird. Ich würde mir lieber auf die Zunge beißen, als in das alte Spiel zurückzufallen, leg-du-auf-ich-schaff-das-nicht oder dergleichen. Ich werde ziemlich trocken sagen: Viel Vergnügen. Genieße die Wochen. Mach's gut und tschüss. Ich werde mir Mühe geben, nicht an die Schürze und Eveline zu denken, die vielleicht bereits auf dem Flughafen ungeduldig neben ihm trippelt und sich schmachtend bei ihm unterhakt, das verabscheuungswürdige Requisit einer winzigen Schürze zusammengerollt in der Handtasche. Aber ich werde mir die Worte, mit denen er sich von mir verabschiedet, genau merken, um sie hinterher einer exakten Analyse zu unterziehen und jedes Wort nach verdächtigen Schmauchspuren zu untersuchen.

Aber was sagt dieser Mann? Es ist mir schwer ums Herz zu gehen, weißt du, wegen Max, hoffentlich wird alles gut (was auch immer darunter zu verstehen ist!). So viel steht fest, Max sitzt in seinem Herzen wie eine Mätresse en titre, wie Madame Pompadour, während ich als die rechtmäßig angetraute Ehegattin auf den hinteren Plätzen rangiere. Nun, denke ich beinahe etwas erleichtert, besser Max als Eveline. Auch für mich ist Max Lebensmittelpunkt. Bei einer Trennung wäre er unser größtes Problem. Max bleibt selbstverständlich bei mir, wer hat ihn denn gepflegt, als er so krank und elend war, ich war das, während du mit deiner Eveline einfach segeln gingst, das würde ich ihm, auch wenn es etwas unfair wäre, an den Kopf werfen. In solchen Situationen wird man eben unfair, wirft den letzten Trumpf auf den Tisch, da, du alter Kotzbrocken, denkst nur an deine Sauereien, während ich mich selbstlos abmühe und so weiter und so weiter. Ich hätte keine Mühe, weitere Unverschämtheiten aufzutischen, zu sagen, deinetwegen habe ich auf Kinder verzichtet, obwohl ich es war, die gesagt hat, das tue ich mir nicht an, wie soll ich um Gottes willen Karriere und Kindergeschrei unter einen einzigen Hut bringen, obwohl die Sache mit der Karriere auch etwas übertrieben ist, aber heutzutage sprechen eben alle von ihren Karrieren und nicht einfach vom Beruf oder von einer Tätigkeit, in meinem Falle sitze ich seit sechs Jahren im wissenschaftlichen Institut für mediale Forschung und sortiere Zahlen, halbtags, und werde wahrscheinlich auch für den Rest meines Lebens dort weiter sortieren. Was ich aber nie laut sagen würde und mich auch hüten werde, es jemals zu erwähnen, ist, dass das Bestreben nach Karriere für mich nicht der ausschlaggebende Grund war, auf Kinder zu verzichten: Nein, ich wollte nicht werden und vor allem nicht enden wie meine Mutter. Ich wollte diesen elenden Anblick meinen Kindern ersparen, falls ich einmal verlassen werden sollte. Und da mir meine Mutter eintrichterte, jeder Frau könne es passieren, dass sich der Mann auf- und davonmacht, war mir klar, damit musste auch ich rechnen. Einverstanden, hat er gesagt, keine Kinder, aber dann werde ich einen Hund haben wollen, und ich ließ mich überreden, wenn es denn unbedingt sein musste, das schien mir doch das kleinere Übel, und ich willigte schließlich ein. Dann brachte er Cicero, einen rassereinen Dobermann, der, obwohl bei bester Gesundheit, dreijährig jäh verstarb, was meinen Mann beinahe um den Verstand brachte – und mich erstaunlicherweise ebenso bewegte, hatte ich das Tier doch inzwischen ebenfalls sehr lieb gewonnen. Nach einigen heftigen Trauerwochen kam dann Max zu uns, von der ersten Stunde an unser Sonnenschein, unser Ein und Alles, viele Gespräche drehen sich nur um Max, er dynamisiert die eheliche Gleichmäßigkeit, kitzelt unerwartete Regungen aus uns heraus, wir schauen uns gegenseitig zu, wie sich beim Anblick des Hundes die Gesichtszüge entspannen, ja gar einen zärtlichen Ausdruck annehmen, und manchmal sind Töne zu erlauschen, die so in unserem Zusammensein schon lange nicht mehr zu hören waren. Oder ich erzähle ihm, stell dir vor, gestern, als du später ins Bett kamst, schlüpfte Max bei mir unter die Decke, so so, sagt er dann mit einem unbezwingbaren Charme, den ich sonst kaum mehr an ihm zu entdecken vermag, einer Mischung aus gespieltem Ärger, gleichzeitig gespickt mit verdecktem Stolz, und wenn unsere Ehe allzu trocken zu werden droht, belebe ich unsere Emotionen, indem ich einfach etwas über Max erfinde, irgendwelche Bedürfnisse und Gedanken in ihn hineinprojiziere und damit stets auch selbst auf meine Rechnung komme: Der Max denkt, der Max möchte gerne wieder einmal, der Max fragt sich, ob, der Max ist da aber nicht einverstanden.

Eine Trennung wäre vor allem wegen Max nur schwer vorstellbar, jedenfalls würde ich mich unter keinen Umständen von ihm trennen können, und schließlich muss ja dann auch immer der Schuldige auf etwas verzichten, und das wäre nicht ich, sondern er, denn wer ist denn eigentlich aus dieser Ehe ausgebrochen, so einfach, am hellheiteren Tag, mitten aus unserem Glück herausgesprungen und einfach in eine Affäre geplatscht, das ist schließlich er und nicht ich. Also, Max gehört mir.

Nicht wahr, mein Mäxchen, sage ich und streichle ihm über seinen runden Kopf, komm, sage ich, Mami salbt dir die Wunde noch ein wenig ein, und als ob er es verstanden hätte, dreht er sich auf den Rücken, so dass ich seine schrecklich lange Narbe mit dem Gel der Aloe Vera gut einreiben kann. Nein, du sollst nicht daran lecken, obwohl das Gel auch fein schmeckt und dir von innen sehr gut täte, aber du solltest eben nicht daran lecken, sonst heilt die Wunde nicht, hat der Onkel Doktor gesagt. Ich habe vom Tierarzt einen riesigen gelblichweißen Kunststofftrichter erhalten, den ich Max über den Schädel binden soll, damit er mit seiner Schnauze nicht an die Wunde gelangen kann. Max ist davon nicht begeistert und ich auch nicht, diese überdimensionierte Haube behindert ihn derart, dass er überall anstößt und ich ihn wie einen alten tattrigen Mann führen muss. Ich werde ihm dieses Ding nur nachts anziehen, tagsüber passe ich einfach auf, lasse ihn keine Minute allein, damit er nicht an seiner Wunde herumknabbern kann.

Wir passen gegenseitig aufeinander auf. Die Beschäftigung mit Max rund um die Uhr hindert mich glücklicherweise daran, pausenlos in meiner eigenen Wunde herumzustochern. Dennoch gibt es immer wieder Momente, da ist alles erledigt, was getan werden muss, Max ist verarztet und schläft friedlich in seinem Korb, alle Pflanzen sind gegossen, die Küche ist aufgeräumt, da schießen plötzlich aus dem Hinterhalt wieder Bilder mit meinem Mann und Eveline mit der Küchenschürze, die hinten offen ist, in meine Gedanken, die sich wie Parasiten in mir festsaugen und die ich nicht mehr loswerden kann.

Die Nächte sind besonders schwierig. Ich finde keinen Schlaf, obwohl ich Max bei mir einquartiert habe und er mit seiner Nonnenhaube neben mir liegt. Sobald es dunkel ist, explodieren die Schattenrisse in meinem Kopf und enthüllen das schreckliche Szenario, das mit nichts einzudämmen ist. Nun hat er sie schon wieder gevögelt, die Enge der Kajüte erhöht beidseits die Lust, sie kreischt, gelegentlich unterbrochen von kurzen stoßartigen Jauchzern, das tosende Meer übertönt alles, Wellen peitschen längsseits und gurgeln, die klitschnasse Leidenschaft untermalend, während die anderen gerade dabei sind, den Spinnaker einzuholen, wo ist Eveline, fragt einer, die bereitet das Abendessen vor. Die Bilder sind derart echt, dass es an der Richtigkeit dieser Vision nichts zu zweifeln gibt. Weshalb sollte ich mir diese Realität auch einreden wollen. Spätestens wenn er wieder zurückkehrt, werde ich ohnehin damit konfrontiert. Sich nur nichts vormachen, nicht in die Tasche lügen, die Wahrheit wahrhaben wollen. Wahrscheinlich wird er noch versuchen – wie das so üblich ist in derartigen Situationen –, die Affäre über einige Zeit geheim zu halten, er würde ihr sagen, ich muss den richtigen Zeitpunkt abwarten, um es ihr beizubringen, weißt du, sie ist sehr labil, und man muss immer damit rechnen, dass sie durchdreht. Vielleicht würde er auch noch eine gemeine Anspielung auf den Charakter meiner Mutter machen oder würde ihr meine Geschichte auftischen, würde vom Scheidungstrauma schwafeln, das ich als Kind erlitten hätte. Diese Einfühlungsnummer macht sich schließlich immer gut. Er würde natürlich den wahren Grund verschweigen, dass er schlicht und ergreifend befürchtet, sich von Max trennen zu müssen, und er es deshalb vorzieht, mit der ungeliebten Frau noch weiter zusammenleben zu müssen. Männer mit Kindern versuchen ja, ihre Geliebte zu beruhigen, indem sie eine Scheidung in Aussicht stellen, wenn die Kinder erst einmal groß sind. Diese Rechnung geht bei Hunden nicht auf, da lässt sich nur noch mit ihrem Ableben auf eine Veränderung spekulieren. Wahrscheinlich wollte er mich bereits früher verlassen, so wie die anderen Männer ihre Frauen verlassen und wie auch mein Vater meine Mutter verlassen hat. Dann hat ihm aber Max einen Strich durch die Rechnung gemacht. Und was Max geglückt ist, ihn zum Bleiben zu bewegen, haben mein Bruder und ich damals nicht geschafft. Unser Vater ging weg. Und kam nie wieder.

Der pfirsichfarbene Velourspannteppich in unserem Schlafzimmer ist derart verkotzt, dass ich ihn trotz heftiger Reinigungsversuche nicht mehr sauber kriege. Da ich ohnehin versicherungstechnisch bis jetzt stets nur zahlend in Erscheinung getreten bin, könnte ich mich ja ruhig auch mal von der Empfängerseite zeigen. Ich melde den Schaden telefonisch an, ein Schadensexperte werde sich bei mir melden.

Dieser kam zwei Tage später und wurde zuerst von Max misstrauisch beschnuppert. Zuerst erkannte ich ihn nicht, erst seine Stimme verriet ihn: Roger, ein ehemaliger Schulkollege. Was ist nur aus ihm geworden! Einst war er nicht nur der Sportlichste, sondern auch der Klügste, saß lässig und mit ungeheurer Selbstsicherheit auf seinem Rennvelo, schrieb die besten Noten, manchmal ließ er sich dazu herab, mit uns Mädchen ein paar Worte zu wechseln. In der sechsten Klasse griff er einfach mal an meine noch kaum vorhandenen Brüste, das veredelte mich für einen kurzen Moment, und ich wäre gerne seine Freundin geworden, schließlich ließ er die Brüste der anderen Mädchen, die viel schöner und größer waren, einfach links liegen. Offenbar war das Ergebnis seiner Tasterfahrung für ihn derart enttäuschend, dass er mich danach keines Blickes mehr würdigte. Wer sich mit seiner Gesellschaft brüsten konnte, war «in», diejenigen, die er nicht beachtete, waren endgültig «out». Nun steht er also in meiner Tür, und nichts lässt den ehemals besonderen Status erahnen. Sein einst dickes leicht gewelltes Haar hat sich gelichtet und erinnert mich an ein ursprünglich fruchtbares Ackerland, das infolge von Dürre einer Versteppung anheimfiel. Von seiner sportlichen Figur ist nicht mehr viel übrig geblieben, sein stattlicher Leibesumfang vermasselt alles, die Bewegungen, einst geschmeidig und flink wie bei einem Wiesel, wirken steif. Um Gottes willen, möchte ich ausrufen, was ist dir zugestoßen! Aber ich bremse noch rechtzeitig und sage lediglich, um Gottes willen, ich hätte dich beinahe nicht erkannt, und dazu noch die üblichen beruhigenden Floskeln wie etwa, wie doch die Zeit vergeht, wir werden alle nicht jünger, und als reine Lüge noch, du hast dich aber nicht sehr verändert. Roger ist offensichtlich über mein Feingefühl nicht erstaunt, er nimmt alles sehr gelassen.

Wir widmen uns der Versicherungssache. Zuerst aber muss ich Max kurz seinen Plastiktrichter umbinden, da er meine nachlassende Aufmerksamkeit sofort nutzt, um an seiner Wunde herumzuschnüffeln. Nein, die Versicherung kommt nicht für den Schaden auf, sie zahlt nicht. Habe ich es mir doch gedacht. Ich hatte immer schon den Verdacht, dass die versicherungstechnische Absicherung nur in Ausnahmefällen in Kraft tritt. Da der Hund uns gehört und wir auch Besitzer des Teppichs sind, an dem der Schaden entstanden ist, zahlt sie nicht. Wenn unser Max der Nachbarin den Teppich vollgekotzt hätte, dann wäre die Versicherung gerne für den Schaden aufgekommen, sagt Roger, da in einem solchen Falle nur der Schaden verursachende Hund uns gehört, nicht aber der zu Schaden gekommene Teppich, erklärt er. Oder aber wenn uns ein fremder Hund auf den Teppich gekotzt hätte, dann würde die Versicherung bezahlen, allerdings wäre das die Angelegenheit der Versicherung des Hundebesitzers – vorausgesetzt, es wäre eine Versicherung abgeschlossen worden.

Ich bin erschüttert. Nicht weil wir nun für den Schaden selbst aufzukommen haben, sondern über eigenartige Schicksalskräfte, die an unserem Leben herumfeilen und derartige Veränderungen bewirken. Auf welches Mittelmaß wurde dieser Star von einst durch ein Versicherungssystem zusammengestutzt! Wie kann sich ein kluger Kopf, dem ich mindestens einen Ministerposten zugetraut hätte, in einem Aufgabenbereich einrichten, in dem es darum geht herauszutüfteln, in welchen Besitzverhältnissen Geschädigte zu den Verursachern stehen, wer wem auf den Teppich gekotzt hat. Und noch während ich darüber nachdenke, wie es so weit kommen konnte, dass sich jemand selbst aus dem Ruder läuft, lächelt Roger mich an und sorgt mit seiner Frage dafür, dass meine Gedanken in eine andere Richtung gelenkt werden: Lena, im Gegensatz zu mir hast du dich doch sehr verändert, wenn ich daran denke, wie schlank du einmal warst. Eins zu null für ihn, denke ich, Roger, also doch noch irgendwo der Alte, der wagt zu begutachten, der aus vielen vorhandenen kleinen Mädchenbrüstchen bestimmt, welche ihm am ehesten zusagen. Und nun, selbst mit unübersehbarem Übergewicht behaftet, während ich mich noch im Bereich der beinahe Normalgewichtigen bewege, vielleicht mit höchstens drei bis vier Kilo mehr als früher, wagt er, meine Figur zu bewerten. Was soll ich sagen? Hör mal, schau dich doch selbst mal an, im Vergleich zu dir bin ich viel besser in Form geblieben. Aber ich sage nichts. Ich nehme es zur Kenntnis. Gebucht. Vorgemerkt. Und bei passender Gelegenheit werde ich ihm diese Unverschämtheit heimzahlen wollen.

Wir trinken noch Kaffee. Erzählen dies und das. Er ist verheiratet, zwei Kinder, neun und elf, eigentlich glücklich, aber weißt du, sagt er, nach so vielen Ehejahren wird es eben dann doch etwas schal, ja, schal, sagt er, und das ist genau mein Wort, das ich für mich insgeheim ebenfalls verwende, wenn ich über meine Ehe nachdenke, und in diesem einen Punkt fühle ich mich ihm plötzlich sehr nah. Er riecht den Braten unverzüglich, sollten wir, sagt er und legt dabei seine Hand auf mein Knie, was von Max sofort knurrend registriert wird, diese unerwartete Begegnung nicht gebührend feiern? Schließlich waren wir ja Schulfreunde, na ja, denke ich, ich wäre gerne deine Freundin gewesen, aber du hast mich, außer in dem kurzen Moment, in dem du mir vor all den anderen Mädchen den Vorzug gegeben und an meine Brüste gefasst hast, links liegen gelassen, dein Angebot kommt um

Jahrzehnte zu spät! Aber es gibt Dinge im Leben, die ereignen sich mit zeitlicher Verzögerung und sind deshalb nicht weniger bedeutend. Ja, höre ich mich sagen, ich denke, warum auch nicht, wir sollten unser Wiedersehen gebührend feiern, was auch immer darunter zu verstehen ist. Wann? Und plötzlich entfaltet sich vor mir eine völlig neue Perspektive, wie ich meinem derzeitigen Elend entfliehen könnte. Wie wäre es mit einer Affäre, ja einem Liebesabenteuer oder vielleicht sogar einer richtigen neuen Liebe, denke ich blitzschnell, das ist sicher die beste Medizin gegen den eigenen Koller. Wenn ich verliebt wäre, würde ich an nichts anderes mehr denken können, Schluss mit den quälenden Bildern, die mich nachts heimsuchen, und schließlich könnte es mir dann auch egal sein, ob mein Mann eine Geliebte hat und wir uns trennen. Gut, ich möchte Roger so schnell wie möglich treffen, es macht ja nur Sinn, wenn die Angelegenheit rasch zum Laufen gebracht wird. Morgen? frage ich, nun, meint er etwas zögerlich, so rasch! Ich muss mal nachschauen, ob das geht. Er blättert lange in seiner Agenda, überfliegt zuerst, dann studiert er intensiv die Einträge, wendet und wedelt die Seiten vor und zurück, hm, sagt er, das ist gar nicht so einfach, und dann schiebe ich ziemlich beiläufig ein, oder hast du es dir anders überlegt, diesen Einwurf schmettert er vehement ab, nein, aber nein, um Gottes willen, wo denkst du hin, ich will dich unbedingt sehen, aber du weißt ja, wie das ist, wenn man verheiratet ist, dann ist es eben gar nicht so einfach, ein günstiges Zeitfenster zu erwischen, wo das nicht weiter auffällt. Ach so, sage ich. Er überlegt es sich noch mal gründlich und macht sich heftig auf die Suche, ob sich irgendwo eine Gelegenheit bietet, plötzlich wird er fündig, ja, sagt er, ich kann da etwas jonglieren, wie wär's mit übermorgen, gut, sage ich, also übermorgen, ca. 22 Uhr, sagt er. Ich komme zu dir! Passt das? Es passt.

III

Erst hinterher wird mir wirklich klar, was ein Rendezvous bei mir zu Hause um diese Zeit zu bedeuten hat und was in diesem Falle mit «feiern» wohl gemeint ist. Logisch, um diese Zeit ist kein romantisches von Kerzenlicht flankiertes Nachtessen geplant, sondern es werden die Bereiche hinterher ins Auge gefasst. Zudem sind die Zeiten strategisch so gelegt, dass selbst misstrauische Ehefrauen nichts davon mitkriegen, also meistens im Anschluss an eine Abendsitzung, die eben dann noch etwas länger gedauert hat als ursprünglich vorgesehen – das muss schließlich jeder einleuchten. Ich denke nach, ob ich ein derartiges Treffen überhaupt will, aber eigentlich habe ich keine Entscheidungsfreiheit. Ich sitze in der Klemme. Die letzte Nacht konnte ich wieder kein Auge zumachen, gepeinigt von Küchenschürzen, Wellen und Meer und allem, was dazugehört. Vielleicht gelänge es mir, wenn Roger hier wäre, die nächtlichen Gespenster zu verscheuchen, dann, wenn ich hinterher lustgesättigt und völlig erschöpft in seinen Armen in jene seligen Stunden hinüberglitte, wo mich der Schlaf umhüllt und mich befreit von den bedrängenden Bildern. Die Vorstellung, wenigstens für kurze Zeit von diesem schrecklichen Albtraum befreit zu sein, bestätigt mich darin, dass es durchaus richtig ist.

Ich konnte gerade noch meinen Friseurtermin abblasen, den ich mir im Sinne von totaler Um- und Neugestaltung meiner Haare hatte vormerken lassen. Ich habe nämlich über einige Hintertüren herausgefunden, dass diese Eveline wasserstoffblondes, kurz geschnittenes Haar trägt, und so dachte ich, ich könnte mir ebenfalls meine mittelfadbraunen halblangen Haare auf diese Form stutzen lassen, obwohl mir derartige Stoppelfrisuren überhaupt nicht gefallen, aber ich würde meinen treusorgenden Ehegemahl verwirren wollen, wenn er dann nach Hause käme, sich aus den Armen seiner wasserstoffblonden kurzgeschorenen Geliebten losgerissen hätte, um pflichtbewusst zur ungeliebten langweilig mittelfadbraunen Ehefrau zurückzukehren, und plötzlich ebenfalls eine wasserstoffblonde bürstenähnliche Gemahlin vorfände, ebenfalls mit umgebundener Küchenschürze ausgerüstet, dann würde er die Welt nicht mehr verstehen, ernsthaft an seiner Wahrnehmungsfähigkeit zweifeln und vielleicht durchdrehen oder gar die Flucht ergreifen wollen. Wie auch immer, alles wäre besser, als einen Ehemann zu begrüßen, der sein Interesse an einem verloren hat. Lieber ein verwirrter, aus dem Takt geratener Blick als ein glanzloser, der an einem vorbeihuscht und meine Existenz nicht einmal zur Kenntnis nimmt, lieber chaotische Verhältnisse als wohlgeordnete und dabei wie ein Pfund Dreck in der Ecke hocken.

Inzwischen aber hat sich meine Situation grundlegend verändert, denn Roger ist aufgekreuzt. Gut, alles andere als der Traummann, aber ich habe Übung darin, mich mit der zweiten oder dritten Wahl abzufinden und zu arrangieren. Das ist wieder einmal ein durchaus schönes Beispiel dafür, dass Dinge, die wir einst unter schwierigen Umständen lernen mussten, zu einem späteren Zeitpunkt nützlich sein können. Und wenn Roger mir hilft, diese verdammten, quälend schlaflosen Nächte hinter mich zu bringen, dann trage ich ihn zum Dank auf Händen, mental natürlich, da seine beachtliche Leibesfülle eine solche Dankbarkeit nicht erlaubte.

Es wäre glatt gelogen, wenn ich behauptete, mich auf dieses Treffen zu freuen. Im Gegenteil, ich fühle mich eher wie vor einem Zahnarztbesuch, der nicht zu umgehen ist, da ein elend schmerzender Zahn gezogen werden muss. Es gibt kein Zurück, die fürchterlichen Nächte bringen mich beinahe um, die Bilder sind derart bedrohlich, der aufgewühlte Wellengang, das rhythmische Quietschen des Schlagbaumes, die ächzende Kajüte, die Schürze, hinten offen, während die übrige Mannschaft auf Deck nichts ahnend mit Schwielen an den wunden Händen gegen den Sturm kämpft und kämpft und er unten, im dunklen, finsteren Dunstbauch des Schiffes, dieses verdammte Drecksluder fickt und fickt, und die ganze Nacht tobt der Wind, in meinem Hirn knackt und kracht es, zischen und jagen gelbe Drachen durch meine Innenräume, ach, wäre der gute Max nicht hier, mit seinem Trichter über dem Kopf, der neben mir gemütlich schnarcht, als ob die Welt in Ordnung wäre, ich würde wahrscheinlich durchdrehen. Hätte ich mein gutes Mäxchen nicht, müsste ich mich wahrscheinlich selbst in eine psychiatrische Klinik einliefern: Guten Tag, hier bin ich, bitte schließen Sie mich ein, zurren Sie mich an einem

Gitterbett fest, jagen Sie mir einen gehörigen Elektroschock durch die Knochen, ich bin durchgeknallt, die Feuersbrunst lodert im Gebälk, die Sicherungen hat es einfach rausgehauen, mein Mann, er ist auf hoher See, und die Schürze ist hinten offen, verstehen Sie, hinten ganz und gar sperrangelweit offen und die Trägerin derselben jederzeit begehbar. Aber da sieht man, wofür Tiere gut sind, sie schützen einen glatt davor, auszurasten und verrückt zu werden, trotzdem muss noch Hundesteuer bezahlt werden, dabei tragen sie wesentlich dazu bei, dass die Krankenkassen nicht auch noch teure Klinikaufenthalte zu finanzieren haben.

Ich sehne und fürchte mich gleichzeitig. Aber ich blicke dennoch zuversichtlich dem Abend mit Roger entgegen, würde mich aber gerne etwas vom Hauch des Verliebtseins umhüllen und beflügeln lassen, aber es will mir nicht so recht gelingen. Obwohl ich darin geübt bin, so zu tun, als ob. Wie ich es mir bereits mit Kurt, Hans und Tobias antrainiert hatte, mich selbst in dieses Verliebtenflair hochzuschaukeln, damals noch flankiert und unterstützt von meiner Freundin Susi, die inzwischen verheiratet und Mutter einer sechsjährigen Tochter ist und für derartige Eskapaden wenig Verständnis hätte, geschweige denn bereit wäre, begleitend mitzufiebern. Ich versuche es mit Musik, es gibt da ein ganz besonderes Stück, das die Sehnsucht gehörig ankurbelt und mich beinahe in einen tranceähnlichen Zustand versetzt. Früher funktionierte diese Selbsthilfe problemlos, und ich versuchte mir jeweils etwas ganz besonders Schönes vorzustellen. Und das absolut Wirksamste war stets das Bild, wie ich mit meinem Vater einen langen, nicht enden wollenden Weg entlanggehe, meine kleine Hand eingebettet in seiner großen, umsäumt von den vielfältigsten Blumen am Wegrand, die er mir alle mit Namen erklärt, über uns die heiteren Vogelstimmen. Der Gedanke aber an meinen Vater vermasselt mir zugleich die so schwer in Gang zu bringende Vorfreude. Dieses Bild des fernen Vaters, der einfach eines Tages aus meinem Leben verschwand, lauert ständig in einer unberechenbaren Wetterzone meines Gemüts, zwischen düster verhangenem Himmel, aus dem ganz plötzlich und unverhofft ein Sonnenstrahl hervorschießt, doch eh ich mich darauf einlassen kann, ist er schon wieder verschwunden. Max ist da ein wesentlich zuverlässigerer Stimmungsmacher. So hat sich heute das Anschauungsmaterial, um mich innerlich auf eine Freudenfährte zu setzen, inhaltlich zwar etwas verändert, aber die Zielrichtung ist deckungsgleich: Ich stelle mir vor, wie ich mit Max auf einer von Sonnenstrahlen durchfluteten Waldlichtung im Gras liege, die Arme weit ausgebreitet, er dicht neben mir, eine Pfote auf meiner Schulter, wir beide im ungetrübten Miteinander, während es dicht neben uns raschelt und ein Wild durchs Gebüsch huscht, er aber hätte nur Augen für mich und würde mit keiner Zelle seines Seins danach gelüsten, ihm nachzujagen, was eigentlich seiner Natur entspräche. Ich, die Einzige für ihn, sein Ein und Alles, auch wenn rundherum die üppigsten Düfte mannigfach rufen und verlocken, Max bliebe an meiner Seite und hielte mir die Treue.

Nun, in der Situation, in der ich mich befinde, habe ich irgendwie keine andere Wahl, als mich Hals über Kopf in Roger verlieben zu müssen, auch wenn dem nicht so ist. Schließlich habe ich ein Recht, mich vor der Ungeheuerlichkeit zu schützen, die mein Mann im Begriff ist mir anzutun, nur Idioten rennen schließlich ins offene Messer und wundern sich hinterher, dass sie schwer verletzt sind. Das soll mir nicht passieren. Und bei diesen Gedanken fühle ich mich richtig gut und souverän, und ich denke, jetzt hätte meine Mutter so richtig Freude an mir, wie ich mir einfach nichts gefallen lasse, sondern selbst bestimme. Ja, ich würde ihn bei seiner Rückkehr auf dem Flughafen wie verabredet abholen, ließe mich aber in keiner Weise von dieser Schlampe irritieren, die zweifellos wie ein feuchtes Handtuch an seinem Arm hinge, sondern unbeeindruckt würdevoll und sehr gefasst sagen, ach, da bist du ja, und würde sie einfach ignorieren, wie man eine unbedeutende Nebensächlichkeit übergeht, und wenn er sie dann abgeschüttelt hätte, gingen wir zum Auto, das ich aber diesmal nicht wie sonst zuerst noch suchen müsste, sondern zielsicher fände. Ich wäre von einer seltenen Klarheit, von einer inneren Logik durchdrungen, gleichzeitig aber von einer ungeahnten Heiterkeit beinahe beflügelt. Dann, nachdem wir einige Minuten gefahren wären, würde ich ihm relativ rasch sagen – während ich auf die Straße vor mir starre und ihn keines Blickes würdige –, ich muss dir leider etwas sehr Unangenehmes sagen, was, würde er rasch fragen, ist etwas mit Max, nein, mit Max ist alles in Ordnung, beruhigte ich ihn, aber, und dann würde ich einen tiefen Zug an meiner Zigarette nehmen, ihn dabei aber nicht anschauen, sondern geradeaus blicken, und während ich den Rauch herausbliese, würde ich sagen, ich habe mich in einen anderen Mann verliebt, dies würde ich ihm ganz emotionslos mitteilen, dann würde ich mit monotoner Stimme sagen, ich möchte mich scheiden lassen, und nach einer Pause, in der ich nochmals einen tiefen Zug an meiner Zigarette gezogen hätte, käme ich zum Finale, weißt du, würde ich einleitend sagen: Es ist die ganz große Liebe, wie ich sie noch nie erlebt habe, ich werde zu ihm in seine Stadtwohnung ziehen, oder vielleicht würde ich auch sagen, in sein Landhaus, je nachdem, was ihm mehr ausmacht, ach, vielleicht doch die Wohnung in der Stadt, die ich bis jetzt ja immer abgelehnt hatte. Er würde wahrscheinlich etwas gespielt gekränkt sein, was ich ihm aber nicht abnähme, da er ja dann ebenfalls freie Fahrt für seine widerliche Affäre hätte. Aber dann würde ich mit dem stärksten Trumpf aufwarten, was ihn im Innersten zerschmettern würde: Übrigens, Max bleibt bei mir.

Dann würden wir streiten, und ich würde ihm einfach ganz trocken sagen, darüber diskutiere ich doch nicht. Noch am Tag seiner Heimkehr würde ich ihm die Koffer packen, da, würde ich sagen, geh zu deiner Eveline oder wie dieses Mistvieh heißt. Dann käme die Scheidung, wegen tiefer Zerrüttung und wegen Ehebruchs seitens des Mannes, oder vielleicht braucht es heutzutage keine Begründung, ich bin da nicht so genau informiert. Ich würde dem Richter erzählen, wie beschissen all diese Ehejahre waren, ich würde kein gutes Haar dran lassen, würde verschweigen, dass es durchaus nicht immer so gewesen ist. Meine Mutter hatte ja schließlich dieses unrühmliche Ende prophezeit, noch bevor wir verheiratet waren. Dieser Mann, sagte sie, ist nichts für dich. Schau ihn dir doch an! Damit meinte sie, dass er im Vergleich zu mir viel zu gut aussehe, was ich ihr auch nicht widerlegen konnte. Und dann folgte die übliche Leier, du wirst ihn niemals auf Dauer an dich binden können. Er ist einfach eine Nummer zu groß. Schau, wie es mir ergangen ist. Ich dachte damals auch, die Beziehung zu deinem Vater sei für immer und ewig. Wir liebten uns. Und dann. Na ja, du weißt schon. Mama, flehte ich damals, bitte, hör auf, nicht noch einmal die alte Geschichte!

Trotzdem, ich hätte auf sie hören sollen, dann müsste ich nun diesen Schlamassel nicht durchstehen. Aber damals. Mein Gott. Ich war jung und unerfahren. Wäre die Vorgeschichte mit seinen verpatzten Prüfungen nicht gewesen, wäre es niemals mit uns so weit gekommen. Er gehörte zum Freundeskreis meines Bruders Philipp, zu dem ich als kleine Schwester absolut keinen Zutritt hatte. Auch wenn sich die Jungs bei uns im Haus trafen, war es für mich tabu, mich in irgendeiner Form mit einzuklinken. Lediglich wenn sie kleinere Partys feierten, durfte ich Funktionen übernehmen, auf die ich stolz war, wie zum Beispiel genügend Sandwiches richten oder etwas Süßes vorbereiten oder sogar den CD-Player bedienen.

Er studierte wie Philipp Physik und fiel bereits bei der ersten Vorprüfung durch. Es gab bei ihm zu Hause ein großes Theater, und er kam für einige Tage bei uns unter. Mein Bruder war über das Verhalten seiner Eltern zutiefst empört, redete mit ihnen und wollte sie zur Einsicht bringen, dass derartige Reaktionen den Druck für einen erfolgreichen Abschluss des Studiums ins beinahe Unerträgliche steigerten und sich am Ende völlig kontraproduktiv auswirkten. Als er dann mit Philipps tatkräftiger Unterstützung die erste Vorprüfung wiederholte und sie bestanden hatte, aber bei der zweiten wieder durchfiel, waren seine Eltern nicht mehr zu beschwichtigen. Und er war mit den Nerven am Ende. Mein Bruder sorgte dafür, dass er gar nicht mehr nach Hause gehen musste, er hätte dies auch nicht mehr gekonnt, er war fix und fertig. Er wurde bei uns einquartiert und bezog das ehemalige Elternschlafzimmer, das meine Mutter seit Vaters Auszug nie mehr betreten hatte. Er lag dann bei uns im Bett und wollte nie mehr aufstehen. Philipp kümmerte sich rührend um seinen Freund, mir tat er unendlich leid, und auch meine Mutter war ihm sehr zugetan. Er blieb für den Rest seines Studiums bei uns, und da ereignete sich das, was wohl besser nicht gewesen wäre.

Wie gesagt, ich hatte Mitleid mit ihm. Ich weiß ja, wie man sich fühlt, wenn alles nicht funktioniert, schließlich hatte ich auch meine Erfahrungen unter dem Stadttor, danach drei Wochen mit Kurt, sechs Monate mit Hans und wenige Tage Tobias. Ich kenne das Gefühl, abgeschifft zu sein, versagt zu haben, zurückgewiesen worden zu sein. Ich weiß, welche Gedanken einem da durch den Kopf huschen, von leckt mich alle am Arsch bis es hat doch alles keinen Sinn.

Zuerst hatte ich ihm ein gelbes Primelstöckchen auf

seinen Nachttisch gestellt, das duftete so herrlich, und ich stellte mir vor, wie sich der vorfrühlingshafte Zauberduft in seinem traurigen Kopf ausbreiten und ihn etwas erheitern würde. Später dann Osterglocken. Dann Tulpen. Und irgendwann auch noch die ersten Rosen. Zunächst wollte er nicht mehr aufstehen und lag nur im Bett. Da setzte ich mich manchmal einfach neben ihn, ohne zu sprechen, einfach um ihm zu zeigen, he, du bist nicht allein. Auch Musik ließ ich leise erklingen, vor allem klassische, dies hielt ich für besonders geeignet für eine so betrübte Seele. Irgendwann, mein Bruder war nicht zu Hause, da sagte ich zu ihm, komm, lass uns einfach mit den Fahrrädern in die Sonne hinaus fahren, was wir dann auch taten, und ich hatte den Eindruck, dass ihm das sehr gut getan hatte. Von diesem Tag an unternahmen wir regelmäßig kleinere Fahrradtouren, und es ging ihm zusehends besser. Bis er schließlich mit Philipp das früher von ihm so freudig betriebene Tennisspielen wieder aufnahm. Dann setzte er sein Studium fort, wohnte aber noch immer bei uns, und wir vier fühlten uns alle sehr wohl. Meine Mutter meinte sogar, es komme ihr vor, wie wenn sie jetzt zwei Söhne hätte, das fand ich etwas übertrieben, aber bei ihr war das eben so. Irgendwann, wir waren wieder mit den Rädern unterwegs, schaute er mich an und sagte, du, ich mag dich, so, so, sagte ich etwas verlegen, und du, magst du mich auch, fragte er mich, ja, sagte ich, ich mag dich auch. Das war's dann.

Ich hatte mir dabei nichts gedacht. Es wäre mir einfach nicht in den Sinn gekommen, an etwas anderes als an eine belanglose Äußerung über das Mögen so an und für sich zu denken. Ich hatte ja bereits meine ersten Erfahrungen gemacht und mich damit abgefunden, dass ich bezüglich Liebe nicht zu viel zu erwarten hatte. Ich war inzwischen etwas über siebzehn, etwas zu dünn geraten, mit kleinen Brüsten, einem leider nicht sehr üppigen naturgewellten Haarschopf, den ich mit Zusammenbinden versuchte etwas in Form zu bringen und der mir besonders bei feuchtem Wetter zu schaffen machte.

Obwohl ich mit mir eine Vereinbarung getroffen hatte, mich nie mehr so unüberlegt auf eine Liebesbeziehung einzulassen, und wenn, dann nur auf solche, die mir nicht viel bedeuteten, um zukünftig selbst zu bestimmen, wann das Ende einzuläuten sei, küssten wir uns irgendwann. Und dann konnte ich an nichts anderes mehr denken als an ihn. Aber ich beruhigte mich und sagte mir, ich würde schon noch rechtzeitig den Absprung schaffen. Während mein Bruder längst bemerkte, was sich zwischen uns abspielte, und durchaus damit einverstanden zu sein schien, war meine Mutter völlig ahnungslos. Als sie uns aber gerade bei einer Umarmung ertappte, rastete sie derart aus, dass ich ernsthaft Angst bekam, wusste ich doch, dass zu viel Aufregung ihrer angeschlagenen Gesundheit nicht bekam, schließlich hatte sie schon genug in ihrem Leben durchmachen müssen. Sie fühle sich von ihm verraten, hinter ihrem Rücken diese Ungeheuerlichkeit anzuzetteln, das sei nun der Dank dafür, und von mir sei sie bodenlos enttäuscht. Ihre Reaktion war so heftig, dass wir unsere Beziehung nur noch heimlich weiterzuführen wagten, immer unter dem streng kontrollierenden Auge meiner Mutter, flankiert von Ratschlägen, die sie an meine Adresse richtete, sie meine es schließlich nur gut mit mir, wolle mich vor zukünftigem Unglück bewahren. Ich hätte ja keine Ahnung, wie es sei, verlassen zu werden, der erbarmungslosen Demütigung ausgesetzt. Dabei hatte ich doch meine diesbezügliche Lektion unter dem Stadttor erhalten. Aber im Vergleich zu meiner Mutter war das natürlich nichts. Sie war die große Tragödin, die sich in Wahnsinnsarien die Haare raufte und auf die Brust schlug, die von Herzschmerz Gequälte. Daneben war ich ein mildes Licht, ein vom schwachen Windhauch ergriffenes Flämmchen, eine völlig unbedeutende Statistin, allenfalls eine vom Diener vergessene Kammerzofe. Obwohl ich doch auch einiges vorzuweisen hatte. Eine geschlagene Stunde unter dem Stadttor auf jemanden zu warten, der nicht kommt, ist kein Pappenstiel. Auf und ab. Und auf der Stelle treten. Die Straße hinauf blickend, an den Passanten vorbei starrend, mit einer zuversichtlich zur Schau getragenen Miene, die sagt, da ist er ja, da ist er ja, den Blick die Straße hinunter schweifen lassend, zweifellos pirscht er von unten heran und will mich überraschen, innigst ersehnte Erleichterung, ich hab es ja doch immer gewusst, dass er kommt, und dann, immer wieder Atemstillstand, beim Gewahrwerden, er kommt nicht. Und um nicht tot umzufallen, sich an völlig uninteressanten Schaufensterauslagen einer Apotheke über Leber-Galle-Probleme und Vitamin-C-Mangel-Symptome festzuklammern und jedes Detail aufzusaugen. Ist das nicht Demütigung genug, um mitzureden, mitzusingen im Kanon der Versetzten, Verlassenen, von der Liebe Verstoßenen? Ist eine volle Stunde nicht Initiation, um zu wissen, wie sich die Schmach anfühlt? Noch heute erröte ich vor Scham, wenn ich an einer Apotheke vorbeigehe, jede Brausetablette vermag die erniedrigende Erinnerung von einst erneut aufzuschäumen. Doch im Vergleich zu meiner Mutter ein Nichts.

Ihr früher Tod hat mir sehr zu schaffen gemacht. Ein lautloses Herzversagen. Ich fühlte mich schuldig. Dann heirateten wir, und meine Mutter redete in meinem Kopf weiter zu mir, dass das nicht gut gehen könne. Wenigstens habe ich keine Kinder, wenigstens werde ich nicht mit Kindern im Stich gelassen. Wenigstens das nicht. Gut, mit einem frischoperierten, noch nicht völlig genesenen Hund alleine gelassen zu werden, ist auch kein Honiglecken. Aber wenigstens nicht im Mutterunglück. Zudem habe ich einen Liebhaber, das rettet mich vor der klassischen Tragik der verlassenen Ehefrau. Heute Abend also treffe ich ihn. Ich habe fast den ganzen Tag damit zugebracht, Kleider, die ich schon lange nicht mehr getragen habe, anzuprobieren, und inzwischen fühle ich mich beinahe gut, vor allem aber erwartungsvoll aufgeregt. Bevor ich mich für den Abend umziehe und herrichte, ruft Roger an, um mir mitzuteilen, dass ihm leider etwas dazwischengekommen sei und er das Treffen auf den nächsten Abend verschieben müsse, genau genommen, seine Frau sei unerwartet bei ihm im Büro aufgekreuzt, um ihn abzuholen, und da könne er ja nicht einfach sagen, sie solle mit der Tram nach Hause fahren. Klar, kann er nicht. Ich bin zwar enttäuscht, aber eigenartigerweise auch etwas erleichtert. Max, sage ich feierlich, dann machen wir beide es uns heute Abend so richtig gemütlich. Wir richten uns auf dem Sofa ein und schauen bis in die tiefe Nacht Fernsehen. Von den nachfolgenden Stunden möchte ich lieber nichts berichten, nur so viel, ich war wieder auf hoher See.

Bereits am nächsten Tag ruft Roger gegen Mittag an, er könne auch zwischen 14 und 15 Uhr vorbeikommen, da ein Versicherungskunde einen Termin abgesagt habe. Das geht nun bei mir nicht, da ich mit Max zum Arzt gehen muss, ich bin aber darüber nicht unglücklich, da ich mir nicht vorstellen kann, wie sich in einer hastig eingeschobenen Mittagsstunde eine schöne Romanze zelebrieren ließe.

Am Abend dann ruft er nochmals an, nun ginge es doch, dann verschiebt er nochmals um eine Stunde, dann aber, dann kommt er. Ich bin ganz aufgeregt. Was soll ich sagen? Was sagt man denn in so einem Moment? Umarmt man sich? Wohin mit den Händen? Küsst man sich gleich? Oder erst nachdem man die Sterne am Himmel gemeinsam bestaunt hat? Die Ehe hat mich zu einer Analphabetin in Sachen Romantik heruntergekühlt, und ich bin ziemlich ratlos. Aber Roger kommt gleich zur Sache, will mich unverzüglich umarmen, noch bevor er die Türe richtig hinter sich geschlossen hat, was aber sofort von Max mit einem bedrohlichen Knurren verhindert wird. Ich bin etwas verunsichert und weiß nicht, ob es Max mit seiner Drohgebärde ernst ist, jedenfalls will ich kein Risiko eingehen und sage, komm, Mäxchen, wir gehen auf die Terrasse, er folgt mir gutgläubig, dann schließe ich ihn aus und wende mich wieder meinem Abenteuer zu, jedenfalls möchte ich dies gerne. Max ist mit dem Wegsperren keineswegs einverstanden und beginnt, an der Tür zu kratzen. Gut, denke ich, dann muss eben der Türrahmen neu gestrichen werden, was weiter auch nicht schlimm ist. Roger versucht es nochmals, und es ist mir nicht unangenehm, aber irgendwie ist es so, wie wenn ich nicht mit dabei wäre, sondern wie eine Zuschauerin die Geschehnisse beinahe unbeteiligt verfolge. Von großer Zärtlichkeit oder romantischer Stimmung kann nicht die Rede sein. Roger will mir die Bluse öffnen, was ihm nicht auf Anhieb gelingt, und je intensiver er sich an meiner Kleidung zu schaffen macht, umso heftiger kratzt Max, bis er schließlich dunkel und bedrohlich bellt und nicht mehr aufhören will. Ich rufe: «Schluss, Max», «aus jetzt», aber sein Gebell wird noch heftiger mit gelegentlichen Unterbrechungen, in denen er aber derart laut heult, dass die akustische Störung jeden Versuch unterbindet, sich näher zu kommen. Kannst du das Vieh nicht zum Schweigen bringen, sagt Roger ärgerlich, und diesen abschätzigen Ton meinem geliebten Max gegenüber hätte er lieber nicht anschlagen sollen, da bei mir nun die Stimmung total im Eimer ist. Und als es auch noch an der Haustür klingelt, ist mir das sehr willkommen, und ich reiße mich aus der Umarmung los. Meine Nachbarin erkundigt sich besorgt nach Max, was denn los sei, so habe sie das arme Tier noch nie gehört. Ich sage zu Roger, die Vorstellung ist beendet, es geht nicht, du siehst, mit einem Hund ist es eben schwierig. Ja, sagt er, da ist es ja beinahe noch einfacher mit Frau und Kindern. Ich hole Max wieder herein, er weicht nicht mehr von meiner Seite, und Roger und ich reden noch auf Distanz einige höfliche Belanglosigkeiten, um uns selbst vor der peinlichen Situation zu retten. Wann kommt denn dein Mann wieder zurück, will Roger wissen, dann kann er ja den Hund für eine Stunde hüten. Ja, denke ich, das kann er dann.

IV

Mein Mann soll in acht Tagen zurück sein. Roger aber meint, so lange könne er nicht warten, das halte er nicht aus, und ich sage, ich auch nicht. Schließlich will ich meine Liebesaffäre bis zu seiner Rückkehr unter Dach und Fach bringen, also sie müsste dann so richtig auf Hochtouren laufen, dass ich vor Verliebtheit glühen würde und total immun gegen sämtliche Verletzungen wäre, die mir durch das Schreckgespenst Untreue zugefügt wurden.

Ich rufe Roger gleich am nächsten Tag an, um das nächste Rendezvous einzufädeln. Und was machen wir mit dem Hund, fragt er. Dafür, dass er gleich die Sache mit Max anspricht und darüber hinaus auch noch «wir» sagt, schreibe ich ihm innerlich einen dicken Pluspunkt gut. Ich werte es als äußerst positives Zeichen, erstens, dass er nicht von «deinem Köter» spricht, und zweitens, dass er es auch als sein Problem begreift. Ich hatte mir natürlich bereits vorher Gedanken darüber gemacht, nochmals auch nur ein einziges schräges Wort gegen meinem geliebten Max, und wir wären getrennte Leute gewesen, Liebschaft hin oder her. Ich schlage ihm vor, dass ich Max für eine Nacht bei meinem Bruder unterbringen könnte und wir dann ungestört richtig und ausgiebig Zeit füreinander hätten. Ja, wir könnten zum Beispiel irgendwohin fahren, in eine romantische Gegend mit einem schönen Hotel. Dabei male ich mir aus, wie wir zuerst etwas in der Natur spazieren gehen, uns an den Händen halten, uns wunderschöne Sachen ins Ohr flüstern, zwischendurch innehalten und uns wortlos, aber innig umarmen und küssen, küssen, ja bis wir beinahe keine Luft mehr bekommen. Und darüber hinaus würden wir uns auch noch ewige Treue schwören, was allerdings unter den gegebenen Umständen etwas Schwierigkeiten bereiten würde, da er verheiratet ist, aber wer weiß, da seine Ehe ebenfalls in der schalen Phase angelangt ist, wäre sicher eine Scheidung ebenfalls nicht auszuschließen. Dann würden wir bei gedämpftem Licht und diskreter musikalischer Untermalung im Ambiente eines außerordentlich gepflegten wunderschön hergerichteten Hotelschlafzimmers zum Finale übergehen, während ich in seinen Armen meinen gesamten Gram vergäße, nein, mehr noch, ich könnte mich nicht einmal an meine eigene Ehemisere erinnern, würden mir auf dem Nachttisch feuerrote Rosen entgegenjubeln. Und ich wäre glücklich wie noch nie zuvor in meinem Leben.

Davon will Roger aber nichts wissen. Das sei alles viel zu kompliziert, und zudem koste es auch zu viel. Er schlug deshalb vor, dass wir uns doch einfach mal schnell, ganz unkompliziert, über Mittag treffen könnten, das sei für ihn am einfachsten zu organisieren, ja, und dann einfach hinaus ins Freie fahren. Da ließen sich ebenfalls sehr schöne und aufregende Sachen machen, und es wäre überhaupt nicht so aufwändig.

Gut. Mir bleibt nur eines, diesem Vorschlag zuzustimmen, denn ich habe nicht mehr viel Zeit, und ich muss handeln. Max werde ich vorsichtshalber doch lieber zu meinem Bruder bringen, für alle Fälle, schließlich können sich plötzlich unsere Pläne kurzfristig ändern, wenn die Leidenschaft uns jäh ergreifen sollte, was ich innig hoffe, und es dann eben doch noch zu einem länger dauernden Ausflug kommen könnte.

Mein Bruder ist überrascht. Was? Du willst in der Stadt den ganzen Tag und auch noch in der Nacht einkaufen? Kannst du nicht warten, bis dein Mann wieder zurück ist? Nein. Kann ich eben nicht. Ich flunkere, erzähle noch von einem eventuellen Theaterbesuch mit Susi, mit der er ebenfalls befreundet ist und von der er wahrscheinlich sogar weiß, dass sie sich zurzeit im Urlaub befindet. Trotzdem übernimmt er Max, samt Trichter über dem Kopf, samt den Salben und Medikamenten, die man ihm alle zwei Stunden verabreichen muss.

Ich ziehe mich wieder mindestens dreimal um. Entferne noch die Haare an Beinen und unter den Armen. Für den Friseur reicht die Zeit leider nicht mehr. Wir treffen uns um die Mittagszeit vor dem Rathaus. Die Sonne lacht heiter und viel versprechend vom wolkenlosen Himmel herunter, ich steige in sein Auto ein, und dann fahren wir auf direktem Weg hinaus aufs Land, über Stock und Stein, zuerst an einem Waldstück entlang, erste rötliche Farbkleckse im Grün der Bäume künden den nahenden Herbst an, dann über eine freiliegende Hügelkuppe, der etwas unwegsame Pfad verliert sich allmählich im Niemandsland, aber Roger scheint den Weg gut zu kennen, es geht nochmals um einige scharfe Kurven, und dann landen wir schließlich hinter einem ziemlich großen Schrottplatz. Kein Mensch weit und breit. Nur Berge von Unrat. Er kurbelt unverzüglich die Sitze herunter und kommt rasch zur Sache, was man sich auch immer darunter vorstellen mag. Er nestelt, nuschelt, fingert, hetzt und wuselt an meiner Kleidung herum, stülpt mit der Ungeschicklichkeit eines Dreijährigen ein Präservativ über die beinahe unbenennbare Wenigkeit seiner geschlechtlichen Ausstattung, die sich trotz des bescheidenen Ausmaßes unbekümmert lustgestählt und unternehmungsfreudig ans Werk macht und in hastiger Ungeduld in jenen Körperbereich eindringt, auf den er es ausschließlich abgesehen hat, flugs angekommen, hoppelt er atemlos im Kaninchentempo auf mir herum. Ich beobachte dieses Treiben wie eine Ornithologin, die aus ihrem Adlerhorst dem Paarungsritual einer seltenen Vogelart mit wissenschaftlichem Interesse folgt. Ich fühle nichts, ich spüre nichts, aber auch rein gar nichts, es vollzieht sich alles in rasender Eile, und ich habe keine Zeit, mir wenigstens per Fantasie noch auf die Sprünge zu helfen. Nur ein kaum wahrnehmbares unangenehmes Gefühl fernab von mir steigt wie ein verlorenes Rauchwölkchen zum Himmel, verschattet die Sonne, und bevor ich überhaupt dazu komme, über all das nachzudenken, ist die ganze Sache schon vorbei. Das Präservativ baumelt verloren wie ein gebrauchter Teebeutel, der mangels festem Halt demnächst abzufallen droht. Mir knurrt der Magen.

Um 13.55 Uhr stellt er mich wieder auf dem Marktplatz ab, so, sagt er zufrieden, das hat ja zeitlich gut gepasst. Wann sehen wir uns wieder? Eigentlich will ich «nie mehr» schreien und bin selbst verblüfft, als ich mich sagen höre: «Wann immer du willst.»

Zuerst kaufe ich mir an einem Stand eine große Wurst, dann trödle ich essend von einem Schaufenster zum andern. Schade, denke ich, dass ich Max nicht dabei habe, die Wurst würde ihm auch schmecken. Dann kaufe ich mir zwei Paar Schuhe, die mir zwar nicht besonders gefallen, aber doch ganz nett sind. Den Gang in die Boutique hätte ich mir sparen können. Das, was mir gefiel, war zu groß oder zu klein, und das, was mir nicht gefiel, passte. Aber, ich dachte mir, nur keine Frustkäufe, nichts kaufen, was nicht nach meinem Geschmack ist. Und schließlich kaufe ich ein wunderschönes Foulard von Féraud, der Preis höher als ein Kleid. Ich schlendere noch etwas in der Stadt herum, denke, wie schön, jetzt habe ich so richtig viel Zeit für mich, niemand, der mich zu Hause erwartet, keine Verpflichtung, einfach nichts. Aber irgendwie will sich keine Freude über das, was ich mir so schön einrede, einstellen. Irgendwann gehe ich nach Hause. Die Wohnung ist leer ohne Max, kaum auszuhalten, und ehe ich mich versehe, springen mich schon wieder die bedrängenden Kajütenbilder von Eveline und ihrer Küchenschürze an. Meine eigene Affäre ist also immer noch viel zu schwach, um den Horrorfilm zu überspielen, ihn abwehren zu können, das macht mich besonders wütend, und ich denke, nicht einmal das kriege ich hin, einfach eine stinknormale außereheliche Liebschaft, wie sie Frau Müller und Frau Huber von nebenan jederzeit erleben. Ich aber habe mir zwar ein

Abenteuer eingefädelt, aber es läuft derart auf Schwachstrom, plätschert lauwarm dahin und ist weit davon entfernt, mich von meinen quälenden Kajütenbildern erlösen zu können. Eines ist mir aber sofort klar, noch bevor es dunkelt, muss ich meinen Hund wieder bei mir haben. Was soll ich Philipp sagen, weshalb ich Max schon wieder abholen will? Aber ich befürchte, ich würde die Nacht ohne ihn nicht überstehen. Ich muss Max zurückhaben. Bevor es Abend wird. Irgendetwas wird mir schon einfallen.

Mein Bruder verhält sich mir gegenüber, wie sich eben ein älterer Bruder der kleinen Schwester gegenüber verhält: mit der Nachsicht des Stärkeren gegenüber Schwächeren, leicht Zurückgebliebenen. Und das ist meine Chance. Da er meine Denkart ohnehin nicht versteht, bin ich vom Druck befreit, logische Erklärungen abgeben zu müssen. Ich kann einfach sagen, ich hätte mich im Datum geirrt, das sei wohl erst in zwei Wochen. Ach so, sagt er verständig und mild, na ja, typisch. Gut, ich bringe dir Max vorbei, wann soll ich kommen? So schnell wie möglich.

Er kommt gegen Abend, und es ist für mich, als ob ich nun gerettet wäre. Allein schon die Begrüßung, die Max mir beschert, streut ganz kurz ein paar Jauchzer in meine Seele. Aber auch die Anwesenheit von Philipp gibt mir ein sicheres Gefühl. Nach der Scheidung unserer Eltern war er es, der mich vor den trübsten Gedanken rettete. Ohne miteinander darüber zu sprechen, genügte es, einfach in seiner Nähe zu sein. Möchtest du noch was trinken, frage ich. Ja, er möchte. Wir setzen uns auf die Terrasse, die von der Abendsonne erleuchtet wird, es ist noch warm draußen, wohl einer der letzten Abende, an denen man sich noch gemütlich im Freien hinsetzen kann. Er legt sich in den Liegestuhl, und ich setze mich daneben. So wie früher. Er beanspruchte stets den komfortablen Platz in der Hängematte, ich lag auf einem Frotteetuch auf der Wiese, er las in einem Buch und ich wartete, bis er das Buch zu Ende gelesen hatte, nicht um dann mit ihm zu reden, sondern um einfach miteinander zu schweigen. Oder er machte es sich auf dem Sofa vor dem Fernseher bequem und bestimmte das Programm, ich saß daneben auf dem Stuhl. Ich hätte wohl alles in Kauf genommen, wenn ich nur einfach bei meinem Bruder sein konnte, so habe ich mit ihm stundenlang Tennismatches und Fußballspiele angeschaut, die mich nun weiß Gott nicht interessierten, und selbst nach jahrelangem Training konnte ich die Namen der Sportler und der Mannschaften noch immer nicht richtig benennen. Damals wie heute ist die Rollenverteilung klar. Ich hole ihm etwas zu trinken. Dann liest er die Zeitung, und ich warte, bis er sie ausgelesen hat, und bin ganz froh, dass er mich nicht gleich ausfragen will.

Als er die Zeitung zusammengefaltet hat, sage ich, der Grabstein ist wirklich wunderschön geworden. Ja, sagt er, das hätte ich nicht erwartet, Mutter hätte sich sehr darüber gefreut. Wir planschen etwas in der Vergangenheit herum, er kommentiert eher nüchtern meine grüblerischen Einwürfe, stutzt, was ich sage, wieder auf ein emotionsloses Mittelmaß. Ebenfalls wie eh und je. Ganz begeistert wäre sie sicher von der Inschrift gewesen, füge ich hinzu, ja, sagt er, es war schließlich ihr letzter Wunsch. Und solche Wünsche müssen auf jeden Fall respektiert werden, auch wenn ich es absolut unpassend finde. Was heißt hier unpassend, werfe ich ein, schließlich waren diese Worte ihr ständiger Begleiter. Erinnerst du dich denn nicht mehr daran, wie alles, was sie tat und irgendwie danebenging, von Chrysanthemen umflort war? Ob die Suppe überkochte, ob sie eine Laufmasche entdeckte oder ob ich vom Fahrrad fiel und mir den Arm brach, stets kommentierte sie, mit beinahe siegessicherem Gesichtsausdruck: Es war am Tag der weißen Chrysanthemen. Und nun stehen diese Worte als Inschrift auf ihrem Grabstein. Ich habe zwar den Sinn nie begriffen. Aber wenn man mit so etwas groß wird, vergisst man schließlich, nach der Bedeutung zu fragen. Wir fragen ja auch nicht, weshalb meine Mutter schwarzes Haar hatte. Sie hatte eben diese Farbe. Und es war nie anders. Aber die Chrysanthemen-Worte mussten wohl sehr bedeutend für sie gewesen sein. Er seufzt. Nun ja, es passte eben in ihr angebliches Drama von der verlassenen Frau. Sag mal, frage ich, was ist denn eigentlich am Tag der weißen Chrysanthemen überhaupt geschehen? Ich weiß es auch nicht genau, nur so viel, sie behauptete, dass am Tag der weißen Chrysanthemen ihre Ehe in die Brüche ging. Dann muss es wohl November gewesen sein, rechne ich sofort nach. Das würde passen. Noch vor Weihnachten zog Vater aus und verschwand für immer. Nein, korrigiert er, er verschwand nicht, Mutter hat ihn vor die Türe gesetzt. Und für immer stimmt ja ebenfalls nicht, für dich war er nicht mehr vorhanden, aber ich hatte regelmäßig Kontakt zu ihm. Warum hast du mir davon nichts erzählt, will ich wissen. Weil du davon nichts wissen wolltest. Mit dir ist darüber ja nicht zu reden!

Wir wechseln das Thema, sprechen noch von diesem und jenem. Wie geht es mit der Liebe, will ich wissen. Er winkt ab, ach, lass das.

Ich zeige ihm stolz unser neues Aquarium mit den großen blau-gelb gestreiften Schwertfischen, und bevor er ein paar anerkennende Worte sagen kann, entdeckt er als Erstes einen toten Fisch, der in leichter Seitenlage in einer Ecke schaukelt. Er holt ihn Gott sei Dank heraus und sagt, das müsse eben wieder einmal gründlich gereinigt werden, alles sei ja veralgt. Ja, es wird Zeit, dass Stephan wieder zurückkommt. Wir ereifern uns noch an der Frage, ob der Fisch gestorben ist, weil ich mich zu wenig darum gekümmert hatte, oder ob er vielleicht einfach krank oder alt war, ich neige zur letzteren Version. Nach einem ziemlich hilflosen Versuch ihm erklären zu wollen, dass ich ganz gut alleine zurechtkomme und meinen Mann eigentlich kaum vermisse, was er mir partout nicht glauben will, verabschiedet er sich mit einem freundschaftlichen Schulterklopfen, Schwesterchen, sagt er tätschelnd, wenn du mich brauchst, ich bin für dich da. Notfalls auch fürs Aquariumputzen. Eigentlich möchte ich fragen, kannst du nicht über Nacht bleiben, mir geht es verdammt schlecht, aber ich stehe an der Türe wie ein tapferes Mädchen, das ganz gut alleine zurechtkommt.

Das war's dann. Nachdem ich wieder alleine bin, verfolgt mich nicht nur der üble Geruch des Schrottplatzes, den ich mir umsonst versuche auszureden, sondern auch die Kajütenbilder sitzen mir wie schwarze langhaarige Affen auf der Schulter, um mich zu überfallen. Die folgenden Tage und Nächte habe ich viel zu tun, einerseits versuche ich die Schreckensbilder abzuschütteln, andererseits bemühe ich mich redlich darum und gebe mir die größte Mühe, die Kaninchenbilder in eine feurige Romanze umzupolen. Beides gelingt mir mehr schlecht als recht.

Roger ruft zwischendurch mal an, und ich sage, das freut mich, ich habe Sehnsucht nach dir, das war so schön mit dir, und alles, was man eben so sagt, wenn man eigentlich sagen möchte, es war derart beschissen, etwas Schlimmeres kann ich mir kaum noch vorstellen.

Es kommt zu keinem weiteren Treffen, er ist zeitlich derart eingebunden, dass es einfach nicht klappen will. Einerseits bedauere ich, nicht nochmals der Romanze aktiv auf die Beine helfen zu können und nachzulegen, andererseits bin ich froh darüber, dass meine Fantasie nicht erneut Schlagseite erhält und womöglich noch ins Wanken gerät. Schließlich habe ich nicht mehr viel Zeit, und wenn dann mein Mann nach Hause kommt, müsste ich mich innerlich derart gefestigt haben, dass es für mich die selbstverständlichste Sache der Welt wäre, mich leichten Herzens von ihm zu trennen.

Mein Entschluss steht fest. Als mein Mann dann anruft, Schatz, sagt er scheinheilig, Schatz, soeben sind wir in Calais eingetroffen. Wie geht es dir? Was ist mit Max? Alles in Ordnung? Wir sind alle derart gestresst von den letzten Tagen, die uns nochmals einen fürchterlichen Sturm beschert haben, dass wir uns zunächst noch in einem Hotel ein, zwei Tage erholen, bevor wir nach Hause fliegen. Habe ich das nicht schon einmal in einem billigen Roman gelesen? Die bescheuertsten Ausreden werden Ehefrauen serviert, eigentlich ist das schon eine Form von Geringschätzung, wenn sich der fremdgehende Gemahl nicht einmal bemüht, auch noch eine einigermaßen einleuchtende Lüge zu konstruieren.

Ich aber bleibe total cool, ja, alles ist hier bestens, es geht uns ausgezeichnet, ruhe dich einfach aus, solange du willst, und gib mir dann Bescheid, wann ich dich vom Flughafen abholen soll. Dem habe ich es aber gezeigt. Ich bin stolz auf mich. Kein Fünkchen Vorwurf, kein jammernder Unterton. Kein Stechen in der linken Herzkammer. Einfach nichts. Ich fühle mich wie eine Siegerin, und ich habe das Gefühl, ich halte die Fäden meines Lebens in der Hand, bin ganz und gar unabhängig, und mir steht die Welt endlich offen.

Das Wiedersehen auf dem Flugplatz hatte ich mir ganz anders vorgestellt. Zuerst dachte ich mir, ob ich mir nicht gleich noch eine Küchenschürze zum Empfang umbinden sollte, scheiterte dann aber an der Frage, ob ich sie unter oder sichtbar über der Windjacke tragen sollte. Und dann ließ ich es doch bleiben.

Als er mich sieht, lässt er einfach sein Gepäck mitten unter den Leuten stehen, eilt auf mich zu, umarmt mich stürmisch, während ich mit eingeschränkter Sicht unter seinen Armen umherspähe, ob sich dieses Drecksluder irgendwo versteckt hält. Ach, sagt er, Schatz, ich habe dich ja so sehr vermisst. Ich hatte aus taktischen Gründen Max dabei, der sich natürlich sofort zur Begrüßung auf ihn stürzt. Mein Mann aber hat nur Augen für mich, und Max muss warten, was mir für das arme Mäxchen beinahe etwas Leid tut. Diese völlig unerwartete Fokussierung seiner Zuneigung auf meine Person vermag mich beinahe aus meiner Rolle zu schubsen, aber ich rede mir gut zu, sage mir, lass dich nur jetzt nicht um den Finger wickeln. So verhalten sich wahrscheinlich alle Ehemänner, die, vom schlechten Gewissen gepeinigt, ihr Fremdgehen mit besonderer Liebenswürdigkeit der Ehefrau gegenüber zu vertuschen suchen.

Als wir dann im Auto sitzen und ich mich langsam auf meinen Auftritt vorbereite, meinen Text mental repetiere und mir schließlich eine Zigarette anzünde, gerät mein Vorhaben nochmals ins Stocken. Du rauchst, fragt er erstaunt. Ja, seit neuestem, sage ich hüstelnd und will da gleich meine auswendig gelernte Textpassage anbringen, muss aber derart heftig husten, dass ich zunächst gar nicht sprechen kann. Dann kommt er mir zuvor. Er fährt zur Seite und hält an. Zuerst öffnet er das Fenster, da er wohl davon ausgeht, dass sich der Hustenreiz mit frischer Luft beruhigt. Dann aber nimmt er mein Gesicht in beide Hände, schaut mir in die Augen und sagt so ganz naiv, ich will dir mal was sagen, diese Trennung von dir hat mir wieder gezeigt, wie sehr ich dich liebe. Er küsst mich. Ich zaudere innerlich, weiß nicht, ob ich eintauchen soll in die mir so wohlvertraute Wonne seiner Nähe, versuche etwas unbeholfen meine Zigarette loszuwerden, ach, denke ich, nur sich jetzt nicht vernebeln lassen, leichtgläubig seinen Worten auf den Leim gehen, aber, fällt mir ein, es gibt ja auch so etwas wie eine Abschiedszeremonie. Das hatte ich mal in einem Beziehungsratgeber gelesen, dass Paare, die sich eigentlich trennen wollen, in dem Moment, wo es zur Trennung kommt, die alte Leidenschaft noch einmal so richtig auflodern lassen. Gut, sage ich mir, dann eben den letzten Akt noch in vollen Zügen genießen. Nachdem wir uns stürmisch und, ja, ich gebe es zu, irgendwie leidenschaftlich geküsst haben, was durchaus auch meinerseits in heftiger Weise erwidert wurde, setzen wir unsere Fahrt fort, er hält mit der einen Hand das Steuer, die andere Hand liegt auf meinem Knie. Dann holt er aus, und jetzt möchte ich dir von diesem wahnsinnigen Segeltörn erzählen. Wahnsinnig, frage ich detektivisch in alter Wachsamkeit. Ja. So muss man es wohl sagen. Wir waren eigentlich ständig in irgendwelchen Unwetterzonen gefangen. Stell dir vor, bereits zu Beginn – wir waren vielleicht zwei Stunden auf See –, da brach über uns ein derart heftiger Sturm los, dass drei Besatzungsmitglieder bereits ausfielen, sich hundeelend fühlten und für nichts mehr zu gebrauchen waren. Ah, denke ich, ich lag also mit meinen Sturmvisionen gar nicht daneben. Ich kann mich also ruhig auf mein Gefühl verlassen. Und er berichtet weiter, ganz schlimm hatte es Eveline erwischt, sie fühlte sich nicht nur elend, sondern sterbenskrank, bereits am ersten Abend mussten wir sie an Land absetzen, damit sie wieder nach Hause fahren konnte, ich hoffe, sie hat sich erholt, wir haben seither nichts mehr von ihr gehört. Was, frage ich ungläubig, verberge aber doch meine Überraschung, sie hat am ersten Tag schon wieder das Schiff verlassen? Ja, das war wohl nicht ihr Ding. Die anderen haben sich relativ schnell wieder erholt. Und er sagt das ohne jegliches Bedauern, als ob es eine völlig unbedeutende Angelegenheit gewesen wäre. Voller Misstrauen beobachte ich ihn. Was soll ich denken? Was sagen? Es fühlt sich so an, als würde plötzlich verkündet, die Erde sei doch nicht rund, sondern eine Scheibe. Eine Scheibe? Wo liegt denn Afrika, wo Paris? Was ist mit der Zentrifugalkraft, mit der Zentripetalkraft, die dafür sorgt, dass die Erde weder auseinanderfällt noch sich zu schnell um die eigene Achse dreht und implodiert? Eine Scheibe also. Das ganze System funktioniert nicht mehr. Die Weltordnung gerät aus den Fugen. Während er mir völlig unbekümmert weitere Einzelheiten erzählt, denke ich, entweder stimmt meine Welt nicht mehr, oder alles in der Welt ist nicht in Ordnung. Wer spinnt hier eigentlich?

Meine Mutter hat mir oft erzählt, wie es sich anfühlte, als sie herausgefunden hatte, dass mein Vater eine Geliebte hatte. Und das waren ihre Worte: Es zieht einem den Boden unter den Füßen weg. Die Welt fällt auseinander. Nichts stimmt mehr. Und man hat das Gefühl, verrückt zu werden. Das leuchtete mir schon damals ein. Aber dass sich die gleichen Symptome einstellen, wenn sich herausstellt, dass der Mann keine Geliebte hat, kann ich nicht verstehen.

Inzwischen sind wir zu Hause angekommen. Wie schön, wieder zu Hause! sagt er, und bevor wir das Auto verlassen, umarmt er mich nochmals derart leidenschaftlich, dass ich denke, was bin ich für ein Idiot, mich auf einem Schrottplatz von einem atemlosen Kaninchen behoppeln zu lassen.

Kaum in der Wohnung angekommen, klingelt das Telefon, mein Mann nimmt ab und übergibt mir dann in einer unbeschreiblichen Geste der naiven Ahnungslosigkeit den Hörer, für dich, Schatz. Roger fragt ungeduldig, und, wann sehen wir uns? Ich weiche aus, will mir nicht gleich alles vermasseln, schließlich weiß ich doch noch nicht genau, ob mein Mann mir nicht einfach versucht etwas vorzumachen, mich einzulullen, nur das nicht, predigte mir meine Mutter, sich auch noch für blöd verkaufen lassen, lieber einen Schlussstrich ziehen, und zwar rasch, als sich noch jahrelang hinhalten lassen. Und deshalb sage ich einfach, ich rufe morgen zurück. Bis dann wird sich ja sicher einiges geklärt haben.

Aber am nächsten Tag ist noch immer nichts geklärt. Im Gegenteil, meine Verwirrung steigt. Nachdem er mich auch noch gebeten hat, meine bevorstehende Wellnesskur, auf die ich mich seit Jahren gefreut hatte, abzublasen, da er es sich einfach nicht vorstellen könne, schon wieder für zwei Wochen von mir getrennt zu sein, gerate ich in ziemliche Schwierigkeiten. Ich weiß nämlich inzwischen auch selbst nicht mehr, ob ich überhaupt gehen will, vielleicht hatte ich mir auch nur eingeredet, dass es doch unheimlich toll sein müsse, sich den ganzen Tag einölen und massieren zu lassen.

Obwohl es noch immer sehr warm auf unserer Terrasse ist, sitze ich mit einer dicken Strickjacke im Schatten, mein Mann fragt besorgt, was ist los, bist du krank, nein, sage ich, nein, nur etwas erkältet. Roger ruft dauernd an, und inzwischen ist es so, wie wenn ich diesen Mann eigentlich gar nicht kennen würde.

Mein Mann macht sich Sorgen um mich. Ich höre zwar, was er sagt, aber irgendwie erreicht er mich doch nicht. Es ist, als ob ich seine Worte zwar registriere, aber den Sinn nicht begreife.

Er ruft meinen Bruder an, er möge kommen. Er kommt. Ich sage, ja, was willst du denn, das Aquarium ist doch schon geputzt, es ist nicht meine Schuld, dass der Fisch gestorben ist. Er sagt nichts. Er setzt sich neben mich, legt seinen Arm um meine Schultern, so, wie er es früher getan hat, damals, kurz vor Weihnachten, als Vater auszog und ich dachte, ich könnte nicht mehr weiterleben. Stell dich nicht so an, schrie mich die Mutter an, sei froh, wenn wir ihn los sind. Ich war fassungslos, ich hatte für meinen Vater zu Weihnachten ein kleines Büchlein getextet, Bilder dazu gemalt, eine schöne Geschichte erfunden, von Tim, dem feuerroten Fisch, der in seiner Schwanzflosse eine Wundertinktur beherbergte, und immer wenn er gegen eine Koralle stieß, schoss etwas von der Flüssigkeit ins Wasser, und wenn man in diesem Moment ein Wunschbild in seinem Kopf sah, dann wurde der Wunsch Wirklichkeit. Ich hatte keine Zeit mehr, meinem Vater das Geschenk zu überreichen. Er packte wie versteinert seine Sachen, versuchte immer wieder, meine Mutter zu beschwichtigen, die aber wollte nichts davon wissen. Sie war wie zu einem Eisblock erstarrt. Und dann war er plötzlich weg. Verschwunden. Ich legte das Geschenk in die hinterste Ecke meines Kleiderschrankes und dachte, jetzt höre ich einfach zu atmen auf. Dann kam mein Bruder und legte mir seinen Arm um die Schultern, so wie jetzt, du, sagte er, du, komm, es ist doch nicht so schlimm, du kannst doch den Vater jederzeit wiedersehen. Dazu kam es dann allerdings nicht mehr. Ich wusste auch gar nicht, wo er wohnte, der Kontakt zu ihm brach ab. Und meine Mutter sagte auch, es sei besser so. Nun fragt mich mein Bruder sehr freundlich, was denn eigentlich los sei, ich schaue ihn an und sage, ich weiß auch nicht. Aber der Fisch ist tot. Mein Bruder schaut mich an, als ob er nicht verstünde, was ich meine, weißt du was, sagt er und wippt mit dem linken Fuß, als ob er den Takt zu einem schwierigen Rhythmus schlagen wollte: Wir gehen ins Kino. Klar, denke ich, das war auch schon immer so, wenn er nicht mehr weiterwusste, schlug er mir einfach vor, ins Kino zu gehen. In diesem Fall aber kommt mir sein Vorschlag sehr gelegen, schließlich hatten wir schon lange davon gesprochen, den Film über die Reise der Pinguine anzuschauen. Mein Mann ist ebenfalls sofort einverstanden, er schiebt die tiefgekühlte Pizza wieder in das Gefrierfach zurück und schlägt vor, nach dem Kinobesuch noch im Weinstübchen essen zu gehen.

Wir ziehen eigentlich recht unbekümmert los. Wenn ich geahnt hätte, was mich an diesem Abend noch erwartet, ich wäre nicht mitgegangen. Als wir zum Kino kommen, steht bereits eine lange Schlange vor der Kasse, und ich bin skeptisch, ob wir wohl überhaupt noch Karten erhalten. Dann rammt mir ein Idiot seinen Ellbogen ins Gesicht, später tritt mir eine dumme Nuss mit ihren hochhackigen Spitzabsätzen auf die Zehen, dass ich laut aufschreie, nein, es ist nicht mein Tag. Schließlich haben wir es geschafft, links von mir sitzt Philipp, rechts mein

Mann. Ich hatte mir vorher noch eine Tüte mit süßsauren Gummi-Apfelringen gekauft, für alle Fälle, falls der Hunger zu groß werden sollte, zudem gehörten die grasgrünen Ringe zu unseren kulinarischen Favoriten, die, so behaupteten wir, auch eine Menge Obstvitamine enthalten.

Der Film lief schon eine geraume Zeit, als sich etwas ereignet, was mich an den Rand meiner Vernunft bringen sollte und was ich nicht mehr so schnell vergessen werde. Es gibt immer Leute, die zu spät kommen. Ob im Konzert, im Theater oder im Kino, sie kommen einfach zu spät. Und statt sich irgendwo klammheimlich und leise in eine Ecke zu verkrümeln, steigen sie umständlich und mit viel Unruhe verbunden über die bereits Anwesenden. So auch an diesem Abend. Drei Personen steuern auf unsere Reihe zu, aber nein, sie setzen sich nicht auf die äußeren Sitze oder auf die Treppe, nein, es müssen ausgerechnet jene Sessel neben uns direkt an der Wand sein. Sie steigen mit viel Geächze und Geräusch über uns, das heißt, es ist so eng, dass wir alle aufstehen müssen, damit sie sich an uns vorbeiquetschen können. Plötzlich steht man also ganz dicht, Nase an Nase, vor einer wildfremden Person und haucht sich gegenseitig in die Fresse, und weil es mir so unangenehm ist, um nicht zu sagen, dass es mich förmlich anwidert, drehe ich meinen Kopf zur Seite. Und nun erblicke ich in diesem Moment im schummrigen Halbdunkel dicht hinter mir das Gesicht meines Vaters. Ja, mein Vater sitzt leibhaftig hinter mir! Mir steht das Herz still, ich schaue sofort wieder nach vorne, wo die letzte Person gerade im Begriff ist, über meine Füße zu steigen, dabei komme ich ihr so nahe, dass ich die Ausdünstungen ihrer gesamten Existenz zu riechen bekomme. Ich bin wie gefangen, da ich meinen Kopf weder vorwärts noch zur Seite drehen kann, es ist, wie wenn ich keine Luft mehr zum Atmen bekommen könnte, schließlich sinke ich auf meinen Sessel, halb ohnmächtig, was ist los, fragt mich mein Mann, nichts, seufze ich beinahe tonlos, und dann sitze ich wie auf einer Foltermaschine, mein Vater dicht hinter mir, und in diesem Moment weiß ich, das hat mir mein Bruder angetan, er hat sich heimlich mit meinem Vater getroffen, sie haben vereinbart, dass wir uns zufällig im Kino gegenüberstehen, wenn ich daran denke, was für eine ungeheuerliche Gemeinheit, mich diesem Überfall einfach auszuliefern, hinter mir höre ich, wie mein Vater schwer atmet, ich muss jeden Moment damit rechnen, dass er mir auf die Schulter tippt, der Gedanke lässt mich erstarren, vor mir die Pinguine, die kilometerweise ihren Weg über das Eis zurücklegen, einer hinter dem andern, Pilger auf einer langen Wanderung, und ich denke, auch ich bin jahrelang durch die Eislandschaft geschritten und dabei beinahe umgekommen. Ich weiß nicht, was schwerer zu ertragen ist, die Vorstellung, meinen Vater dicht hinter mir zu wissen, oder die Gemeinheit meines Bruders, der dies alles geschickt arrangiert hat. Ich muss ja sogar damit rechnen, dass auch mein Mann seine Finger mit im Spiel hat, alles abgekartet, ausgeheckt, ja, sie haben mich in die Falle gelockt, wo es kein Entweichen mehr gibt. Ich bin von Verrätern eingekeilt, hinter mir der größte Übeltäter, neben mir auf der einen Seite mein Bruder, den ich irrtümlicherweise bisher für das wohl Verlässlichste auf der Welt erachtet hatte, und auf der anderen Seite mein Mann, auf den ich mich auch mehr oder weniger verlassen konnte, alles stürzt über mir zusammen. Dazu die Dunkelheit. Die armen Pinguine. Und ich. Ich weiß nicht, aber irgendwann kann ich dem Druck nicht mehr standhalten, hastig stehe ich auf, was ist los, will Philipp wissen, nichts, mir ist nur etwas übel, flüstere ich, und dann quetsche ich mich an den Personen vorbei, bis ich schließlich den Gang erreiche, das letzte Stück renne ich hinaus, nur einfach weg von diesem Ort.

Zuerst empfinde ich es als große Erleichterung, mich wenigstens körperlich nicht mehr bedroht zu fühlen, ich gehe an die frische Luft, Gott sei Dank, denke ich, ich bin der Falle entkommen. Meine Empörung ist grenzenlos, so viel Gemeinheit hätte ich nie und nimmer erwartet. Ich haste an den Schaufenstern entlang, denke, das ist gut so, streife flüchtig mit den Augen über die Auslagen, mache einen kurzen Halt bei den Haushaltsmaschinen, die mich nicht interessieren, stoppe für den Bruchteil einer Sekunde, um das Angebot im Informatikshop anzuschauen, das mich in keiner Weise interessiert, schließlich lande ich bei der Auslage einer Apotheke, nun, dieses Gefühl kenne ich ja, von früher, vom Erlebnis unter dem Stadttor, das mir heute zwar nichts mehr anhaben kann, trotzdem fühle ich mich beobachtet, vielleicht schleicht sich mein Vater von hinten an mich heran, oder mein Bruder stellt mir nach oder sonst irgendwelche Leute, die mir was antun wollen. Es kommen einige männliche Passanten, sie quatschen mich an, ich laufe schnell weg, denke, der eine folgt mir auf den Fersen, sehe nach, doch da ist niemand. Ich drehe nochmals eine Runde vor den Schaufenstern, einmal im Uhrzeigersinn, dann in der Gegenrichtung, dann sehe ich von weitem meinen Mann, Lena, ruft er, was ist los, nichts, ach, es ist nichts, winke ich ab, ich brauche nur etwas frische Luft, alles ist in Ordnung, ich komme gleich wieder, was er mir sofort abnimmt und daraufhin wieder zurück ins Kino geht. Ich kann es nicht verhehlen, aber so etwas Schadenfreude schleicht sich bei mir ein, ihn getäuscht zu haben, ihn hinters Licht geführt zu haben, so, wie sie versuchen, mich zu hintergehen. Aber da habe ich ihnen einen Strich durch die Rechnung gemacht. Eines aber ist mir klar, ich will den ganzen Dreierklüngel nicht sehen, mit meinem Bruder will ich auch in Zukunft nichts mehr zu tun haben. Ich fange nochmals bei den Haushaltsmaschinen an, gehe dann zur Informatik und dann zum Gesundheitssektor, drehe immer wieder die gleiche Tour, schaue auf die Uhr, es wird wohl noch eine Stunde dauern, so lange, es ist unbeschreiblich. Eine endlose Stunde warten, wie damals unter dem Stadttor, es gibt eben Menschen, die erwischt es diesbezüglich besonders hart, und ich gehöre dazu. Was soll ich sagen, wenn die beiden Männer zusammen mit meinem Vater aus dem Kino kommen, ach, da seid ihr ja, wie schön, dich, lieber Vater, wieder einmal zu sehen, nach fünfundzwanzig Jahren, nicht wahr, eine lange Zeit, wie geht es dir, wie lebst du so mit der Neuen, gehen wir noch was trinken, um anzustoßen und das Wiedersehen gebührend zu feiern? Nur über meine Leiche, ich will einfach nichts mit ihm zu tun haben und ab heute mit meinem Bruder auch nicht mehr, und wenn sich herausstellt, dass auch mein Mann in die Verschwörung verwickelt ist, dann ist es auch zwischen uns endgültig aus und vorbei.

Die ersten Zuschauer tröpfeln allmählich heraus, ich stelle mich in den Windschatten einer Litfaßsäule, man kann mich nicht sehen, aber ich beobachte die Menschen, die das Kino verlassen. Nach langem Warten sehe ich zuerst Philipp, hinter ihm folgt mein Mann, der sich meine Handtasche umgehängt hat, ich beobachte, wie sie sich im Menschenstrom langsam vorwärts bewegen, von meinem Vater aber keine Spur, ich kombiniere blitzschnell, das ist noch so ein übler Trick, sie wollen mich ködern, damit ich denke, sie wären allein, und hinterher stellt sich heraus, dass dem nicht so ist. Aber nicht mit mir! Darauf falle ich nicht rein! So lass ich mich nicht an der Nase herumführen! Nun, trotzdem habe ich in meiner jämmerlichen Situation keine andere Wahl, als zu ihnen zu gehen, was ich widerwillig auch tue, schließlich will ich nicht die ganze Nacht hier verbringen, na, geht es besser, meint Philipp, nein, sage ich, das ist die größte Gemeinheit, die ihr mir angetan habt, sage ich mit fester und lauter Stimme. Und nun tun beide so, als ob sie vor Erstaunen die Welt nicht mehr verstünden! Wie? Was? Sag, was meinst du? Schon gut, denke ich, etwas anderes habe ich auch nicht erwartet: Zur Krönung der Gemeinheit sich auch noch ahnungslos stellen! Aber ich helfe ihnen auf die Sprünge! Und ich schreie sie an, dass alle umstehenden Leute es hören können: Wo ist er? Wer, fragt Philipp, wer wohl, setze ich nach, unser Vater! Sie spielen noch immer die völlig Naiven, Unwissenden, Philipp antwortet sofort, ja, beinahe beschwörend, das weiß ich doch nicht, jetzt stell dich nicht auch noch dumm, schnauze ich ihn an, unser Vater saß in der hinteren Reihe im Kino, dicht hinter mir, ach, sagt er, Lena, ich habe diesen Mann auch gesehen, er glich tatsächlich etwas unserem Vater, aber er war es nicht. Er war es also nicht. Mein Mann bestätigt es ebenfalls. Das könnt ihr mit mir nicht machen, zische ich sie an, alles habt ihr eingefädelt, um mich zu täuschen, nein, sagt Philipp, nein, sagt mein Mann.

Nach dieser Begebenheit sagt mein Bruder, so könne es mit mir nicht weitergehen, wie er das meine, will ich wissen. Und dann hat er eine komische Idee, er meint, du solltest mal mit Vater reden, nein, sage ich, wozu, ich weiß doch nicht, wo er wohnt, und das Geschenk finde ich sicher nicht mehr. Es geht nicht mehr um das Geschenk, sagt er, es geht um dich, um ihn, ich gebe dir die Adresse.

Ja, dann saß ich da, mit einer Telefonnummer in der Hand, die plötzlich als eine verbindende Brücke über einen Zeitraum von mehr als zwei Jahrzehnten führen sollte, geht das, frage ich, finde ich mit diesen Zahlen überhaupt zurück in eine Zeit, als ich noch ein kleines Mädchen war? Ruf einfach an, sagte er.

Die folgenden Tage quäle ich mich damit, ob ich anrufen soll oder nicht. Die Wellnesskur habe ich abgeblasen, klar, bezahlen musste ich sie trotzdem, aber das war mir jetzt auch egal.

V

Es gibt Befindlichkeiten, die nicht leicht zu erklären sind. Ich funktioniere. Ich bin gewissenhaft, vernachlässige meine Pflichten nicht. Ich gehe meiner Arbeit nach, führe Max Gassi. Ich rede. Lache. Esse und trinke. Aber das ist dann schon alles. Denn ich bewege mich wie auf Eis. Und ich weiß nie, wann die Eisschicht einbricht. Warum? Ich weiß es auch nicht.

Mein Mann sorgt sich rührend um mich. Mein Bruder kommt beinahe täglich vorbei. Wir sitzen zu dritt am Tisch, reden miteinander, der verhängnisvolle Kinoabend kommt nicht mehr zur Sprache. Ich höre mehr zu, als dass ich rede, so, wie es schon früher war, als wir noch nicht verheiratet waren und mein Mann in unserer Familie wohnte.

Die Freundschaft der beiden Männer gefällt mir, ich denke, die halten einfach durch dick und dünn zusammen. Keine großen Gesten, keine großen Worte. Sie können sich aufeinander verlassen. Und irgendwie fühle ich mich, so komisch das klingen mag, in diesem beinahe wortlosen Netz ganz wohl.

Inzwischen habe ich Roger endgültig abgehängt. Es war nicht schwierig. Ich habe ihm einfach am Telefon gesagt, ich hätte es mir anders überlegt. Er begriff sofort, ach so, ja, in Ordnung, sagte er atemlos, wie wenn ich ihm mitgeteilt hätte, der Kaminfeger kommt nicht am Donnerstag, sondern am Freitag. Es gab also kein Drama, keine Erschütterung. Gut, kommentierte er, dann eben nicht. Mir war das sofort klar, schließlich gehöre ich nicht zu dem Typ Frau, deretwegen ein Mann den Verstand verliert, durchdreht, wenn sie ihn verlässt und mit Selbstmord droht. Obwohl ich mir das heimlich stets gewünscht hatte, bin ich nun über die unproblematische Auflösung meines Verhältnisses sehr froh. Es ist eigentlich so, als ob nichts gewesen wäre. Genau genommen ist auch nichts geschehen, nicht einmal einen anständigen Hautkontakt hat es gegeben. Deshalb habe ich meinem Mann gegenüber natürlich kein Sterbenswörtchen verloren. Was hätte ich denn sagen sollen? Hätte ich etwa erklären sollen, der ganze Geschlechtsakt vollzog sich außerhalb meiner körperlichen Wahrnehmung? Das hätte er dann ja sicher genau wissen wollen, und ich hätte ihm erklären müssen, stell dir einfach einen Taucher in einem Taucheranzug vor, der in schlammiges Wasser eintaucht. Der Taucher spürt nichts vom Schlamm. Das Schlammwasser spürt nichts vom Taucher, im höchsten Falle eine kurze, unwesentliche Wasserverdrängung, und das war's dann schon. Ich weiß nicht, ob sich Stephan darunter etwas vorzustellen in der Lage wäre. Deshalb ziehe ich es vor, nichts davon zu erzählen.

Das Erlebnis mit der kurzzeitigen Wasserverdrängung war für mich in der Zwischenzeit so nebensächlich geworden, dass es mir fernlag, auch noch ein schlechtes Gewissen zu entwickeln. Und wenn sich so etwas Ähnliches in mir anzukündigen begann, dann ließ ich die Szene auf dem Schrottplatz noch einmal vor meinem inneren Auge ablaufen. Und dann sagte ich mir jedes Mal: Für eine solche Nullnummer braucht man hinterher nicht noch Schuldgefühle an den Haaren herbeizuziehen.

Auf eine mir unerklärliche Weise veränderte sich die Beziehung zu Stephan, meinem Mann, in positiver Weise. Manchmal fliegt mich sogar der Gedanke an, ob ich nicht ganz bei Verstand gewesen war, ihm eine derartige Kajüten-Küchengeschichte zuzutrauen. Aber ich habe mich noch nicht zu einer endgültigen Entscheidung durchgerungen, denn obwohl diese Bilder weitgehend an Schlagkraft einbüßt haben, möchte ich mich doch vorsehen und mich unter keinen Umständen auch noch für blöd verkaufen lassen. Diese Lektion hatte ich von meiner Mutter gelernt, das Schlimmste am Verlassenwerden ist das Gefühl, für blöd verkauft worden zu sein. Ich liege also weiter auf der Lauer, beobachte alles genau, ob es nicht doch noch verdeckte Hinweise auf die Richtigkeit meiner Vermutung geben könnte.

Mein Bruder lässt nicht locker, er hört nicht auf, mich zu bedrängen, meinen Vater endlich anzurufen. Was soll das, ich sehe darin keinen Sinn, gebe ich stets zurück. Zuerst lässt er meine Mutter mit zwei kleinen Kindern im Stich, heiratet eine andere, und nun soll ich mich mit ihm treffen und so tun, als ob alles in bester Ordnung sei! Wozu? Um ihm zu sagen, was er meiner Mutter angetan hat, sei nicht nur mies, sondern er habe auch noch unser Leben zerstört? Ja, du hast die ganze Familie kaputt gemacht. Du hast uns alle sitzen lassen. Ohne dich war das Leben schwer, öd und leer. Eigentlich hasse ich dich und will dich nie mehr sehen. Nein, sagt mein Bruder, du sollst einfach mal mit ihm reden, und vielleicht erfährst du, wie es wirklich war. Wie es wirklich war, setze ich nach. Das weiß ich doch selbst, ich war doch dabei! Ich habe doch dieses Elend mit unserer Mutter hautnah miterlebt. Ich saß schließlich nächtelang an ihrem Bett und habe versucht, sie zu beruhigen, ich war es, die sie letztlich daran gehindert hat durchzudrehen, während du vergnügt Tennis gespielt und sich mein Vater mit einer anderen vergnügt hat. Da brauche ich niemanden, der mir erklären will, wie es war. Na ja, sagt er, du weißt, ich habe das doch etwas anders erlebt.

Mein Bruder gibt nicht nach und sitzt mir dicht auf den Fersen. Ich krame sämtliche Erinnerungen aus jener Zeit zusammen, um sie als Argument und Begründung zu benutzen, weshalb ich meinen Vater nicht sehen will. Ich habe ihn doch bereits einmal getroffen, da waren bereits zwei oder drei Jahre vergangen, seit er uns verlassen hatte. Ich besuchte ihn. Da saß bereits seine neue Liebe! Toll! Wie geschmackvoll! Dazu ein unheimlich blödes Weib. Blödblond und unheimlich aufgeblasen, flachbusig und dürr und dazu mit einem scheußlichen, weit ausladenden Bratpfannenarsch ausgestattet, in einem fürchterlichen senfgelben Hosenanzug, mit dem geschmacklosesten Schmuck garniert, den ich je gesehen habe. Allein der Anblick war eine Beleidigung. Meine Mutter! Unsere Mutter! Du weißt ja, stets äußerst gepflegt und wunderschön, ihr dunkler Teint, um den ich sie immer beneidet habe, ihre gelockten, beinahe bläulich schwarzen Haare, die ich ebenfalls gerne von ihr geerbt hätte. Gegen meine Mutter machte diese Frau doch keinen Stich, aber mein Vater hatte diesen strohblonden dickarschigen Besen meiner Mutter vorgezogen. Zu allem Elend hieß Vaters Auserwählte wie unsere geliebte Katze Mira. Unverzüglich taufte ich unsere Katze in Rita um. Und weil ich meine Mutter nicht kränken wollte, lag es mir fern, den wahren Grund der Namensumbenennung zu erklären, und so flunkerte ich einfach, ich hätte irgendwo in einem Katzenbuch gelesen, dass es Katzen besonders lieben, wenn man irgendwann den Namen wechselt. Den Namen «Mira» brachte ich nie mehr über die Lippen. Meine Mutter hatte mit der Umbenennung ohnehin keine Mühe, da sie unsere geliebte Katze von Anfang an «Mistvieh» genannt hatte. Nur du wolltest es nicht begreifen, bliebst stur bei «Mira», und ich war davon überzeugt, du wolltest mich damit einfach ärgern. Beim ersten Besuch bei meinem Vater war ich dann nicht etwa allein mit ihm, sondern wir saßen zu dritt, jawohl zu dritt im Wohnzimmer! Sie ließ uns nicht aus den Augen, spähte mich regelrecht aus, beobachtete jede Bewegung, als ob ich ihr etwas wegnehmen wollte! Dabei war es doch mein Vater. Und die Besitzansprüche sollten allein durch diesen biologischen Tatbestand klar sein. Das Erste, was mein Vater fragte, war, in welcher Klasse bist du jetzt. Da sitzt also der Mann, der mich gezeugt hat, vor mir und weiß nicht einmal mehr, wann das gewesen sein soll! Jeder Hausbesitzer weiß, wann sein Haus erbaut wurde. Jeder Autobesitzer kennt das Jahr der Inbetriebsetzung seines Wagens. Weinkenner brüsten sich und zelebrieren den

Jahrgang. Nur mein Vater weiß nicht, wie alt ich bin. Das Weib, das sich meinen Vater unter den Nagel gerissen hatte, mischte bei allen mir zugefügten Verletzungen quasi als Kränkungszugabe noch mit, drängelte sich in die Vater-Tochter-Beziehung hinein, als ob dieser Raum nicht schon besetzt gewesen wäre, wollte integriert werden, stellte die dümmsten Fragen, die man einem Kind stellen kann, wie etwa, gehst du gerne zur Schule und dergleichen. Dabei hätte sie dieses Hoheitsterritorium auf der Stelle verlassen müssen und uns allein lassen sollen. Das wäre das Minimum an Höflichkeit gewesen! Was habe ich mit dieser mir völlig fremden Frau denn überhaupt zu schaffen! Sie hat sich schließlich in unsere Familie eingeschlichen und das ganze Desaster angerichtet. Ich weiß alles noch haargenau. Und jetzt soll ich nochmals einen Versuch starten! Und wieder mit einer Frau zusammensitzen, mit der ich nichts zu tun habe, und womöglich ihre blöden Fragen beantworten?

Versuch es einfach mal. Ruf an. Dann kannst du mit mir reden, insistiert mein Bruder.

Als auch noch mein Mann beginnt, mich täglich daran zu erinnern, habe ich irgendwann einfach die Nase voll. Ich werde es euch zeigen, dass es nichts bringt, kalkuliere ich in einem Anflug von Trotz. An einem regnerischen Sonntag, als ich gerade von einem langen Hundespaziergang nach Hause komme und mich so richtig in erfrischtem Schwung fühle, greife ich kurz entschlossen zum Telefon. Gut, ich hoffe, dass er nicht zu Hause ist, und will nach dreimal Klingeln den Hörer erleichtert auflegen, da meldet er sich. Vater, sage ich kurz angebunden, ich möchte dich sehen. Ich höre ihn atmen, ein kurzer Moment unheimlicher Stille entsteht, dann sagt er, Lena, was für eine Überraschung, das freut mich sehr, ja gerne, wann möchtest du? Morgen, schlage ich vor, ich möchte diese mir äußerst unangenehme Angelegenheit schnellstens hinter mich bringen. Ein für alle Mal. Er entschuldigt sich, er kann erst am Mittwoch. Auch gut. Einfach festnageln. Nur nicht nochmal alles auf Eis legen.

In der Zwischenzeit habe ich auf dem Speicher alles durchsucht, ob ich das kleine Heftchen, das ich ihm zu Weihnachten schenken wollte, nicht doch noch finden könnte. Ich kann mir zwar nur schwer vorstellen, dass ihn das interessieren würde, aber ich möchte ihm zeigen, wie wichtig er damals für mich war, und vor allem, was er durch sein plötzliches Weggehen angerichtet hat. Daraus ließen sich dann vielleicht ganz organisch ein paar väterliche Schuldgefühle generieren, und ich hätte eine gute Basis für meine Anklage, die ich ihm vor die Füße schleudern will. Ich suche umsonst, wahrscheinlich habe ich das Heft in meiner unbeschreiblichen Enttäuschung selbst vernichtet. Aber mir fällt noch der Begleitbrief in die Hände, der dafür bestimmt war: «Mein allerliebster Papi, das ist ein Buch für dich. Immer wenn du traurig bist, kannst du es anschauen. Dein liebes Kind Leenchen». Ich konnte damals noch nicht richtig schreiben, mein Bruder übernahm es für mich, aber ich hatte ihm die Worte diktiert. Ich würde ihm einfach den Brief mitbringen und ihm wortlos übergeben, als ob es sich um eine belanglose Notiz für den Einkauf handelte. Aber das ginge natürlich nur, wenn uns Mira allein ließe. Vielleicht hat sie inzwischen die Anstandsregeln für Zweitfrauen gelernt. Sonst würde ich sie ihr eben beibringen müssen. Auch wenn es dabei gleich zu einem fürchterlichen Streit kommen sollte, wäre mir das ganz egal. Weshalb wird das eigentlich nicht gleich bei Scheidungsurteilen festgelegt, dass die Kinder, auch wenn sie erwachsen sind, das Recht haben, ihren Elternteil ohne neues Zubehör zu sehen! Das wäre doch minimalstes Kinderrecht.

In den folgenden Nächten durchwandere ich nochmals mein Kinderland, die dunklen Wälder sind nebelverhangen, nur hier und dort ein kleiner Sonnenstrahl, Bruderauge, Bruderhand, Bruderwort, dazwischen Eulengeschrei, das namenlose Gespenster aufscheucht. Dabei wird mir klar, was mir mein Bruder bedeutet, und ich bin froh, dass es das vermeintliche Kino-Komplott nicht gab. Ja, hätte ich damals meinen Bruder nicht gehabt, wie hätte ich diese Zeit wohl überstanden.

Sie öffnet mir die Tür. Mira, frage ich verunsichert, denn nichts erinnert an das Bild, das ich von ihr hatte. Ja, sagt sie freundlich, komm herein. Mira ist nicht blond, sondern hellbraun, sie ist nicht flachbusig und mager, sondern einfach schlank, sie trägt eine sehr schöne weich fließende dunkelblaue Hose und einen geschmackvoll kombinierten türkisfarbenen weiten Kaschmirpullover dazu. Außer zwei winzigen Ohrsteckern ist kein Schmuck weit und breit zu sehen. Während sie mir den Mantel abnimmt, kommt mein Vater auf mich zu, meine zwanzigjährige Wut ist wie vom Erdboden verschluckt, und wie ein Magnet zieht es mich zu ihm, wie ein Schaf lasse ich mich von ihm umarmen, flüchtig zwar, etwas unbeholfen und wortlos. Mira steht daneben, wartet, dann sagt sie beinahe nebenbei zu mir, du möchtest sicher mit deinem Vater allein sein, ich habe für euch einen Imbiss vorbereitet, alles ist in der Küche bereitgestellt, ich werde den ganzen Tag bei einer Freundin verbringen, und ihr könnt ungestört alleine sein und habt Zeit füreinander.

Ja. Und dann sitzen wir uns gegenüber. Lange Stunden, die nicht enden wollen. Er sieht noch immer so aus, wie ich ihn in Erinnerung hatte. Groß, sehr schlank, dunkelblondes Haar, wie früher, nicht besonders dicht. Und seine Hände! Seine Hände waren für mich wie große Flügel, unter die ich gekrochen bin, wenn ich Schutz suchte. Und es war unsere Geheimsprache, Papi, sagte ich, ich möchte unter deine Flügel kriechen, komm, Lenchen, komm, sagte er dann und breitete seine wunderweiten Finger aus, und ich vergrub mich in diesem Paradies. Seine Stimme, ach, noch immer unverwechselbar, und sie hat ihre Wirkung auf mich nicht verloren. Sie zieht mich in ihren Bann, umgibt mich mit tausendfacher Wonne, dringt in jede Zelle. Ich würde am liebsten losweinen, aber ich reiße mich zusammen. Am Anfang ist es schwierig, ich weiß nicht, wo ich beginnen soll, da mich meine Wut jämmerlich im Stich gelassen hat, ist mir meine Liste von Vorwürfen ebenfalls abhanden gekommen, und ich weiß nicht mehr, was ich ihm vorwerfen wollte. Gut, sage ich mir, vielleicht ist meine Wut wie ein verängstigtes Tier, das sofort in Deckung geht. Vielleicht war meine Wut nichts anderes als eine bodenlose Angst, ich weiß es nicht. Irgendwie tut es einfach gut, in seiner Nähe zu sein. Schön, sagt er, dass du gekommen bist.

Mein Vater war immer eher wortkarg, dachte um einiges mehr, als er sprach, und bereits dieser eine Satz war eine kleine Meisterleistung.

Ich will eigentlich auch etwas sagen, aber schon zittert meine Stimme, und es ist, wie wenn sich mein Herz zusammenzöge, ja, wie wenn sich der ganze Körper auf einen einzigen Schmerzpunkt einigte und es nur noch eine Lösung gäbe: zu explodieren und loszuschreien. Das tue ich natürlich nicht. Aber der gesamte Innenüberdruck wird derart heftig, dass ich ihn beinahe nicht mehr zurückhalten kann. Tränen drängen gequält ins Freie, bahnen sich mühsam einen Weg wie durch ein Dickicht, dann aber springen sie wie kleine Kügelchen aus einem Springbrunnen heraus, und ich habe den Eindruck, dass es Jahre dauern wird, bis sich die ganze Staumenge durch das winzige Ventil der Tränendrüsen durchgeschleust hat. Zwischen den erheblichen Wassermengen erhasche ich ein verschwommenes Bild von meinem Vater und sehe, wie er ebenfalls gegen sein inneres Bewegtsein ankämpft, sein Körper vibriert ganz leise, aber alles an ihm ist lautlos. Wir halten uns wie zufällig an den Händen, meine hat sich wie zum Schutz unter seine geschoben, und ich weiß, er denkt an die Flügel, und er weiß, dass auch ich daran denke, und für einen kurzen Moment erlebe ich wieder mein kleines Kinderparadies, das ich so lange vermisst habe. Ich gleite zwischen zwei Welten hin und her, die eine qualvoll und kaum auszuhalten, die andere wunderbar und nur mit einem einzigen Wort zu umschreiben: endlich. Fünfundzwanzig Jahre sind eine lange Zeit, Kinderjahre zählen in der Erinnerung doppelt. Ich schreite sie rückwärts ab, lasse die vielen Bilder an mir vorbeigleiten, wo ich ihn vermisst hatte, die Sehnsucht tapfer weggesteckt, die Enttäuschung in Gleichgültigkeit umgepolt, die Trauer mit neuen Menschen bevölkert, den Schmerz mit Wut narkotisiert. Wir schreiten beinahe wortlos nebeneinander, weißt du noch, sagt er, ja, ich weiß alles ganz genau, wir steigen gemeinsam hinunter in das Tal der Erinnerungen, dazwischen denke ich, ich halte es nicht mehr aus, diesen endlosen, qualvoll wunderschönen Gang durch die Vergangenheit. Und jedes Mal, wenn ich zu einem Wort ansetzen, zum Beispiel Papa sagen will, überrollt mich eine neue Flutwelle, packt mich von hinten am Schopf und wirft mich in den tiefsten Punkt meines Körperempfindens hinunter, dorthin, wo sich im Körperunterbau eine gewaltige Urkraft zusammenballt und nach oben brandet und brandet, wie ein totaler Seelenbrand.

Irgendwann bin ich völlig aufgeweicht, durchnässt, verschwollen, verrotzt und sehe beinahe nicht mehr aus den Augen. Nein, es sind keine spektakulären Gefühlsausbrüche, sondern kaum hörbare Eruptionen aus dem Erdinnern, ich hatte schon immer eine leise Verachtung allem gegenüber, was sich theatralisch in Szene setzte, ich dachte oft bei meiner Mutter, weniger wäre mehr. Aber es nimmt mich ziemlich mit, die inneren Erschütterungen derart abzubremsen, dass sie trotz allem wohl temperiert wie höfliche Sonntagsgäste in Erscheinung treten. Irgendwann aber bin ich erschöpft, meinem Vater sieht man die Anstrengung weniger an, aber er ist ebenfalls mitgenommen. Ich denke, das muss alles einmal zu einem vernünftigen Ende kommen, und ich sage, indem ich mir die Nase schneuze, komm, wir holen uns etwas zu essen. Wir gehen in die Küche, und ich will so nahe bei ihm wie möglich sein, als ob er mir sonst noch einmal abhanden kommen könnte. Wie oft hatte ich als Kind geträumt, er wäre wieder bei uns, ja, ich hörte ihn mit mir reden, ich spürte, wie er mich auf seinen Armen trug, und dann, wenn ich aufwachte, war alles beim Alten, und er war für immer verschwunden. Auf dem Küchentisch hatte Mira alles für uns hergerichtet, liebevoll vorbereitet, für jeden einen Käseteller mit Radieschen garniert, Brötchen. Das Wasser muss nur noch in den Teekrug gegossen werden. Woher weiß sie wohl, dass ich gerne grünen Tee trinke und Radieschen esse?

Eigentlich mag ich nichts essen. Aber schon allein der Geruch des Tees vermag bei mir Wunder zu wirken. Ich knabbere an den kardinalroten Radieschen herum, mein Vater hingegen rührt nichts an.

Nach der ersten Tasse Tee und von der Wurzelessenz der Radieschen gekräftigt, fasse ich mir ein Herz, Papa, sage ich, warum hast du uns damals verlassen. Er schaut mich entsetzt an und erwidert leise, Lenchen, das ist eine lange Geschichte, ich habe euch nicht verlassen, sondern deine Mutter hat mich hinausgeschmissen.

Meine Erschütterung ist wie weggeblasen, ich höre die Stimme meiner Mutter im Hintergrund, und ich denke sofort, aha, das sind einfach so spitzfindige Formulierungen, um den Kopf aus der Schlinge zu ziehen, aber schließlich hat er doch die Koffer gepackt und ist einfach weggegangen und nicht wiedergekommen. Das habe ich doch mit eigenen Augen gesehen, und das lasse ich mir nicht einfach ausreden. Trotzdem sage ich, ich will alles wissen, erzähle mir, wie es wirklich war, ja, sagt er, ich will dir alles erzählen, wie es sich wirklich zugetragen hat. Aber zuerst möchte ich von dir wissen, wie es dir geht. Ja, sage ich, wie soll es mir schon gehen. Ich bin mit Stephan, einem Freund von Philipp, verheiratet, wir sind so weit glücklich miteinander, haben einen unbeschreiblich tollen Hund, unseren Max, nein, Kinder haben wir keine. Und dann erzähle ich von meiner Arbeit, die mich nicht besonders interessiert, derentwegen ich aber auf Kinder verzichtet habe, so lautet ja meine offizielle Version. Da er selbst viele Jahre als Mitglied der Geschäftsleitung in einem Medienunternehmen arbeitete, interessiert er sich sehr für meine Tätigkeit im Institut für mediale Forschung. Seine Fragen kann ich ihm kaum beantworten, ich habe nur mit Zahlen zu tun, erkläre ich, mit statistischen Auswertungen, und gleichzeitig wird mir klar, wie wenig ich mich eigentlich für die inhaltlichen Bereiche interessiere. Und dann reden wir plötzlich darüber, ob es so etwas wie eine Beeinflussung des menschlichen Bewusstseins durch die Medien gebe, über die Verantwortung, die damit verbunden ist, und schließlich, ob der Mensch grundsätzlich ein eigenständiges und selbständig denkendes Wesen sei, das sich nach unbeeinflussbaren Wertmaßstäben richte. Und nun erlebe ich meinen Vater zum ersten Mal als philosophisch geschulten Geist von einer Kraft, die mir in diesem Moment gigantisch erscheint. Er redet engagiert, formuliert druckreife Sätze, logisch aufgebaut, durchdacht und vielschichtig. Obwohl ich seinen Worten gebannt lausche, denke ich wehmütig, was habe ich doch alles verpasst, so einen großartigen Vater zu haben, der sich mit derartigen Gedanken beschäftigt, Antworten auf den Sinn des Lebens sucht, und in diesem Moment wird mir nochmals bewusst, dass ich auf all das verzichten musste. Wie hätte er mir doch nach dem Erlebnis unter dem Stadttor beistehen können! Er hätte mich getröstet, als alles danebenging, er hätte mich die Spielregeln gelehrt, seine schützende Hand über meine Verzweiflung gehalten, er hätte gesagt, komm, das ist doch nicht so schlimm, das ist eben das Leben, während mich meine Mutter nur immer mit ihrer eigenen erlittenen Enttäuschung fütterte und darauf programmierte, wachsam zu sein, um nicht einst im gleichen Schlamassel wie sie zu landen.

Ich bin viel zu sehr mit dieser kaum fassbaren Situation beschäftigt, als dass ich mich nun noch auf die Erzählung der Trennungsgeschichte konzentrieren könnte, ich versuche zu begreifen, endlich einen Vater zu haben. Es ist mit einer durchlittenen existenziellen Hungersnot zu vergleichen, wenn man hinterher feststellt, dass im Keller in einer verstaubten Ecke Tonnen voller Getreide lagerten. Weizen. Roggen. Hafer. Dinkel. Gerste. Irgendwie bin ich am Ende meines Aufnahmevermögens angelangt. Ich will nach Hause. Zu ihm, Stephan, meinem Mann. Nein, nicht reden, einfach ausruhen, wie nach einer anstrengenden Bergbesteigung sich hinlegen und alles zu verdauen versuchen.

Wann sehen wir uns wieder, frage ich, wann immer du möchtest. Wann immer du möchtest! Diese Worte sind wie ein weites Tor, das sich vor mir öffnet, und ich habe das Gefühl, endlich Zugang zum Reichtum dieser Erde zu erhalten.

Zu Hause werde ich von Max begrüßt, aber anders als sonst. Was ist los? Er schleppt sich mühsam in seinen Korb und atmet schwerer als sonst. Ich versuche, Stephan zu erreichen, der mir mitteilt, dass er vor zwei Stunden noch völlig munter gewesen sei. Ich rufe den Tierarzt an, erkläre ihm die Symptome. Ich soll gleich morgen früh mit ihm in die Praxis kommen. Diese Nacht wird endlos. Max liegt zwar ruhig an seinem Platz, aber es ist, als ob er mich von weit her betrachtet. Manchmal höre ich ein ganz leises kaum wahrnehmbares Wimmern, und ich denke, er hat irgendwie Schmerzen. Wir wagen nicht zu schlafen, wechseln uns bei der Wache ab. Als ich gegen vier Uhr wieder an der Reihe bin, vermag ich meiner Müdigkeit nicht mehr standzuhalten und nicke ein. Plötzlich schrecke ich auf. Wo ist Max? Sein Korb ist leer. Ich wecke Stephan, und wir suchen nach ihm. Zuerst ist er nirgends zu entdecken, dann bringt uns ein kleiner Türspalt zum Abstellraum auf die Spur. In der hintersten Ecke, zwischen Koffern und Schachteln, hat er sich verkrochen. Max ist tot.

VI

Wer nie mit einem Tier zusammengelebt hat, kann kaum die heftigen Gefühle des Schmerzes und der Trauer verstehen, die einen heimsuchen, wenn es stirbt. Es ist eben wie ein Familienmitglied. Es gehört dazu. Ist immer dabei. Spendet Zuneigung. Liebe. Uneingeschränkt und oft im dringend benötigten Übermaß.

Bei Max hatte ich gerade in der letzten Zeit oft den Eindruck, er sei der Einzige, der mich versteht. Natürlich konnte er nicht verstehen, was mich bedrückte, aber allein seine zutrauliche Anwesenheit war Balsam für meine aufgewühlte Seele. Ich habe schon als Kind immer mit Tieren gelebt. Meine Katze Rita (Mira) begleitete mich durch die schwerste Zeit.

Mein Mann ist von Max' Tod ebenfalls sehr betroffen. Aber anders als ich. Sein Leben geht trotzdem weiter. Meines steht still.

Als ich meinen Vater wiedersehe, ist es das Erste, was ich ihm erzähle, dass mein über alles geliebtes Mäxchen gestorben ist. Er versteht meinen Seelenkummer sofort, sagt, ja, das ist wirklich sehr schlimm, so ein Tier wächst einem eben ans Herz. Und dann erzählt er mir die Geschichte von Moritz, meiner ersten Schildkröte, die ich zu meinem dritten Geburtstag bekam. Sie war ebenfalls mein Ein und Alles. Ich hätte ihr Geschichten aus Büchern vorgelesen, obwohl ich ja noch nicht lesen konnte. Ich hätte den ganzen Tag mit ihr geredet, sie um Rat gefragt, mit ihr gelacht, gesungen und gelegentlich auch geschimpft. Aber das Glück sei nur von kurzer Dauer gewesen, sie sei völlig überraschend gestorben, und ich sei untröstlich gewesen. Zudem habe man mich nicht von der fixen Idee abbringen können, ich sei schuld an ihrem Tod, da ich ihr zu wenig zu essen gegeben hätte, bis ich schließlich mit Fieber im Bett landete. Dann habe er kurzerhand die Schildkröte, die bereits im Garten in einem mit einem Holzkreuz versehenen Grab ruhte, trotz des heftigen Protests von Seiten meiner Mutter wieder ausgegraben und sie zur Obduktion gebracht, um den Grund ihres Ablebens herauszufinden. Der Befund war eindeutig: ein angeborener Herzfehler. Da sei ich wieder gesund geworden und hätte mich allmählich wieder gefangen.

Während mir mein Vater diese Geschichte erzählt, tauchen einzelne Erinnerungsfetzen mitsamt den flankierenden Gefühlen auf. Offenbar speichern wir derartige Dinge in uns ab, ohne es zu wissen. Und ich konnte mich plötzlich wieder daran erinnern, wie sehr ich mich von ihm geliebt gefühlt hatte, mehr noch, durch und durch in meinem großen Kummer ernst genommen. Und in dem Moment erwachen all diese Empfindungen wieder, drängen ins Bewusstsein, sind ungebrochen da, wie einst, Papa, sprudelt es aus mir heraus, weißt du, dass ich dich über alles geliebt habe und dass ich dich immer noch liebe? Er schaut mich lange an. Lenchen, sagt er wie zu sich selbst, du warst mein Sonnenschein. Dann schweigt er ziemlich lange, und ich habe den Eindruck, er kämpft gegen seine Tränen.

Heute will er mir alles über die Scheidung erzählen, so hatten wir es ausgemacht. Mein Vater ist eher ein verschlossener Mensch, er redet wenig, aber er ist dafür ein guter Zuhörer. Bei meiner Mutter war es genau umgekehrt, sie erzählte gerne, manchmal auch dieselben Dinge mehrere Male, mit stets kleinen Nuancen und Abweichungen, so dass man gerne ihren bunten Schilderungen folgte. So bat ich sie stets an meinem Geburtstag, mir die Geschichte meiner Geburt zu erzählen, ich wollte mich immer wieder neu an ihren begeisterten Jubelrufen berauschen: Ein Mädchen! Ein Mädchen! habe sie vor Begeisterung laut geschrien, und mein Vater habe vor Glück geweint. Vielleicht benötigte ich wenigstens einmal im Jahr die Bestätigung, dass immerhin meine Ankunft auf dieser Erde meine Eltern in einen Freudentaumel zu versetzen vermocht hatte, einfach weil es mich gab. Wie hätte ich mir später vor allem von meinen Liebschaften eine ähnliche Begeisterung gewünscht. Ich fantasierte stets Liebesbriefe, die in mir einen ähnlichen Gefühlsrausch auslösen sollten wie die Erzählung von meiner Geburt. Umsonst.

Ohne dass ich mich mit meinem Vater abgesprochen habe, ist uns beiden klar, dass wir für das Gespräch in unsere Vergangenheit einen langen Spaziergang unternehmen. Zuerst gehen wir durch die Quartierstraße, die etwas langweiligen Einfamilienhäuser stehen dicht nebeneinander, die Gärten sind beinahe alle gepflegt, der eine oder andere Strauch steht noch in allerletzter Blüte, trotzt den letzten Sommertagen noch ein paar wärmende Sonnenstrahlen ab, und wie zum Zeichen ihrer Daseinsberechtigung verströmen sie noch einen besonders würzigen Duft, der uns in die Nase steigt. Kinder spielen auf der Straße. Die Müllabfuhr ist unterwegs. Hunde bellen.

Zuerst gehen wir, ohne zu reden, nebeneinander her. Alte Bilder tauchen auf, komm, Lenchen, sagte damals mein Vater, wir gehen zum Ewigen Licht. Das war unser Losungswort. Während meine Mutter und Philipp noch schliefen, gingen wir beide jeden Sonntag früh zur Kirche. Wir beide ganz allein. Er hatte mir einmal erzählt, dass in der Kirche das Ewige Licht brenne, und zeigte mir das dunkelrote Fünkchen, das wie ein Geheimnis in der Mitte eines großen goldenen Kandelabers ruhte. Unter Ewigkeit konnte ich mir nichts vorstellen, lediglich ein unfassbares Rätsel. Später, als ich die vielen langen Kinderjahre ohne meinen Vater lebte, dachte ich oft zurück, vielleicht ist das die Ewigkeit, wenn das Elend, vaterlos zu sein, niemals ein Ende nimmt. Während der ganzen Messe starrte ich wie gebannt auf dieses kleine rote, unerforschbare Licht, dazu umbrandete mich die Orgelmusik, und ich war mit meinem Vater wie auf einer Zauberwolke in einer anderen Welt. Auf dem Nachhauseweg kauften wir frische Brötchen für das Frühstück, und wenn wir dann wieder daheim waren, trennten wir uns für eine Woche von unserem Geheimnis.

Seit dem Tag, an dem Vater uns verlassen hatte, ging ich nie mehr zur Kirche. Ich kündigte meine Verweigerung, zur ersten Kommunion zu gehen, bereits an, das kannst du nicht machen, schimpfte meine Mutter, du bekommst ein wunderschönes Kleid wie eine Prinzessin und viele Geschenke. Aber wie hätte ich an jenen Ort zurückkehren können, wo ich so viele Stunden des Glücks mit meinem Vater verbracht hatte, ohne zu sterben! Sie kaufte mir das Kleid, die Geschenke waren wie Köder bereits silbern verpackt auf einer Kommode im Wohnzimmer ausgelegt. Für mich war die Sache klar, ich würde nicht hingehen. Glücklicherweise wurde ich krank und lag mit hohem Fieber im Bett. Die ganze Verwandtschaft, die zum Fest geladen war, rauschte an und bedauerte mich zutiefst. Die Geschenke erhielt ich trotzdem. Aber ich war abgrundtief traurig. Davon bekam niemand etwas mit. Nur Philipp ahnte den Zusammenhang. Jedenfalls saß er während der ganzen Zeit am Bett und versuchte mich aufzuheitern. Ich erzähle meinem Vater diese Geschichte. Zunächst hört er schweigend zu. Dann aber holt er mit einem großen Atemzug aus und sagt seufzend, wenn du wüsstest, Lenchen, wie ich darum gekämpft habe, dass ich dich wenigstens an der ersten Kommunion sehen kann! Aber deine Mutter verweigerte mir jeden Kontakt, sie wusste, dass mich das am härtesten treffen würde.

Obwohl ich fest entschlossen bin, an meinen eigenen Erinnerungen festzuhalten und sie mir nicht ausreden zu lassen, wächst mit jedem Schritt mein Vertrauen zu ihm, und allmählich melden sich auch noch andere Erinnerungen aus früherer Zeit. Mein Vater war es, der nächtelang an meinem Bettchen saß, wenn ich krank war, er war es, der mich tröstete, wenn ich traurig war, er war es, der mir zuhörte, der erfahren wollte, was ich mache, er wollte immer genau wissen, wie es mir geht, und wenn ich Kummer hatte, suchte er unermüdlich nach Lösungen. Und er war es auch, der mich von den mich entsetzlich quälenden Schildkrötenschuldgefühlen erlöste. Ich fühlte mich von ihm geliebt! Und dieser Vater ließ mich von einem Tag auf den anderen im Stich, packte einfach die Koffer, ging und kam nie wieder. Erst nach drei Jahren war ich bei ihm zu Besuch, und da fragte er mich, in welcher Klasse bist du jetzt, als ob er sich nur noch mühsam daran erinnerte, dass es mich überhaupt gab. Zwei Realitäten? Welche ist die richtige?

Inzwischen haben wir einen Feldweg erreicht, staubig, trocken, trittfest. Er führt über eine kleine Kuppe, dahinter schlängelt er sich um einen lockeren, luftigen Birkenhain, der immer dichter wird. Und dann erzählt er. Er spricht mit langen Unterbrechungen, und manchmal bin ich nicht sicher, ob er den Faden überhaupt wiederfindet und weiterredet. Aber ich bin froh über diese Pausen. Sie lassen mir Zeit, jedem einzelnen Wort, dem Bild, das daraus entsteht, zu folgen, es mit meiner Version zu vergleichen, nur gelegentlich sind sie deckungsgleich, meistens konträr, so dass ich den Eindruck habe, er erzählt eine Geschichte, bei der ich gar nicht dabei gewesen bin.

Wir liebten uns, beginnt er. Deine Mutter war die große Liebe meines Lebens, und sie ist es bis zum heutigen Tag geblieben. Vielleicht war ich so vernarrt in sie, dass ich mich auch wie ein Narr aufgeführt habe, damit will ich sagen, ich ging stets davon aus, dass sich Schwierigkeiten von alleine doch noch zum Guten fügen würden.

Nach dieser Einführung versinkt er ziemlich lange in seinen Gedanken, ich denke, ich verstehe eigentlich nicht, was er meint, aber ich will ihn nicht mit Fragen unterbrechen.

Allmählich spricht er weiter, nun, sagt er und seufzt. Es sei schwierig für ihn, ich solle Nachsicht haben. Also, sie seien eben sehr, sehr glücklich gewesen, wie füreinander geschaffen. Kein Wölkchen habe das Glück gestört, gelegentliche temperamentvolle Ausbrüche meiner Mutter habe er mühelos aufgefangen, es sei ihm jedes Mal gelungen, sie zu beruhigen, wenn sie sich wieder einmal in eine Aufregung hineingeredet habe, und vor allem dann, wenn sie ihrer verpassten Karriere als Schauspielerin nachgetrauert habe. Sie sei davon überzeugt gewesen, dass ihr eine große Künstlerkarriere bevorgestanden habe. Nach der Geburt von Philipp sei dieses Thema vorübergehend verschwunden, sie hätten sich nun als kleine Familie eingerichtet, und sie habe sich mit Leib und Seele der Mutterrolle verschrieben. Parallel dazu habe er eine leitende Funktion in seiner Firma übernehmen können, was dazu geführt habe, dass er oft auch noch am Abend und an Wochenenden zu arbeiten hatte. Es folgten häufige Geschäftsreisen ins Ausland. Sie wollte ihn eigentlich gerne begleiten, dann doch wieder nicht. Obwohl ein Kindermädchen zur Verfügung stand, kam sie in einen sich ständig wiederholenden Konflikt, da sie sich auch nicht für einige Tage von ihrem über alles geliebten Kind trennen wollte. Sie war also stets hin- und hergerissen. Aber dazwischen seien sie glücklich wie am ersten Tag gewesen. Ja, und dann nach weiteren fünf Jahren, sagt er mit einem glücklichen Lächeln, bist du geboren worden. Und da sie sich beide ein Mädchen gewünscht hätten, seien sie beinahe außer sich vor Glück gewesen. Ich unterbreche kurz, sage, Papa, erzähl mir genau, wie es bei meiner Geburt war, und er erzählt exakt die gleiche Geschichte, die ich stets von meiner Mutter gehört hatte. Es beruhigt mich ungemein, dass das Bild, das mein Vater entwirft, mit demjenigen meiner Mutter absolut übereinstimmt. Meine Mutter habe mich auf den Namen Maria Magdalena taufen lassen wollen, was er aber völlig unpassend gefunden habe. Sie aber habe darauf bestanden und die Namenswahl damit begründet, dass sie als junges Mädchen mal einen Film mit einer wunderschönen dunkelhaarigen Maria Magdalena gesehen hätte. Namen fordern das Schicksal heraus, sagte sie und sei nicht davon abzubringen gewesen. Schließlich einigten sie sich darauf, dass der Taufnahme ihrem Willen entsprechend eingetragen wurde, der Rufname auf Lena lautete.

Während mein Vater weiterspricht, denke ich, das muss ja ein schöner Frust gewesen sein, als sich allmählich herausstellte, dass ich mich niemals zu jener dunklen Schönheit, wie meine Mutter es sich vorgestellt hatte, entwickeln würde, sondern zu einem unscheinbaren, mit dünnen, flaumbräunlichen Federchen ausstaffierten Hühnchen heranmauserte. Jetzt wird mir wenigstens klar, weshalb sie immer an mir herumzupfte und mir schon früh empfahl, meine mausfadbraunen Krausen dunkel zu färben.

Und dann sagt er noch einen Satz, der mir beinahe den Boden unter den Füßen wegzieht: Eines aber will ich dir sagen, wir waren eine glückliche Familie, und vor allem musst du eines wissen, du und Philipp, ihr seid beide Kinder der Liebe. Kinder der Liebe also sind wir! Ich stelle mir einen Seerosenteich vor, umsäumt von sattgrüner Fauna. Wie ist es möglich, ein Kind der Liebe zu sein und sich gleichzeitig derart beschissen zu fühlen? Weshalb verleiht diese Ausgangsposition nicht einen lebenslangen Schutz, immunisiert gegen all das, was hinterher folgt! Das Gegenteil ist offenbar der Fall. Liebeskinder sind empfindlicher, anfälliger gegen jeden Windhauch. Hätte ich nie das Gefühl erlebt, wie es ist, sich unter die großen väterlichen Schwingen zu kuscheln, wäre ich vor Sehnsucht nicht beinahe umgekommen. Hätte ich nie das Ewige Licht gesehen, ich wäre nicht ständig getrieben gewesen, das Geheimnis endlich lüften zu wollen. Hätte ich nie paradiesische Luft an seiner Seite geatmet, ich würde diesen Urquell des Glücks nicht vermissen.

Er redet weiter, und ich habe Mühe, mich auf seine Worte zu konzentrieren. Das Kindermädchen habe zunächst neben meiner Mutter keinen leichten Stand gehabt. Aber allmählich habe Philipp eine große Zuneigung zu ihr entwickelt und sehr an ihr gehangen, und als er sie auch schon mal Mamira nannte, sei ziemlich Feuer im Dach gewesen. Irgendwann habe es dann auch noch weitere Intermezzi gegeben, die für ihn derart aus heiterem Himmel gekommen seien, dass er sie zunächst überhaupt nicht einzuordnen gewusst habe. Da er immer sehr freundlich und korrekt zu dieser jungen Frau gewesen sei, und er gebe auch durchaus zu, dass er sie sehr nett gefunden habe, habe meine Mutter irgendwann behauptet, er flirte mit ihr, später bestand sie darauf, dass er sogar eine heimliche Liebschaft mit ihr unterhalte. Und dieses Zeichen habe er zu leichtfertig weggesteckt, habe die Vorwürfe einfach überhört, da er es derart absurd gefunden habe.

Inzwischen sind wir auf einer kleinen Waldlichtung angelangt, die Herbstsonne verströmt nochmals die letzte Wärme, ich ziehe meine Jacke aus, und wir setzen uns auf eine Bank, die etwas schief steht, hinten leicht erhöht, und da meine Beine in der Luft baumeln, muss ich ständig aufpassen, nicht nach vorne zu rutschen und auf dem Boden zu landen. Mein Vater erfasst die Situation blitzschnell, holt einen großen Holzblock, der unter einem Gebüsch vergammelt, stellt ihn unter meine Füße, und das Problem ist gelöst. Ja, das ist eben mein Vater, er sieht, was einem fehlt. Und dann handelt er.

Dann redet er weiter, etwas schneller, etwas lauter. Empörung mischt sich kaum merkbar mit hinein. Er fährt fort, das Kindermädchen habe nun viel zu tun gehabt mit zwei kleinen Kindern, meine Mutter ebenfalls, sie habe vorbildlich seine Geschäftsfreunde bewirtet, sei eine glänzende Gastgeberin gewesen, witzig, unkonventionell und immer wunderschön.

Die Idee mit der Schauspielerei habe sie aber nicht vergessen, und als einmal ein vierzehntägiger Kurs für Darstellung und Mimik angeboten wurde, sei sie nicht mehr zu halten gewesen. Er habe sofort eingewilligt, habe gedacht, so ein Kurs blende zweifellos etwas Realität in die Vision, und das könne sicher nicht schaden. Er blieb also allein mit dem Kindermädchen und den Kindern. Es seien friedliche und absolut harmonische Wochen gewesen, bei ihren Anrufen habe er immer nur sagen können, alles läuft reibungslos. Und damit hätte er eigentlich sagen wollen, mach dir keine Sorgen. Ich möchte gerne wissen, wie denn das Kindermädchen hieß, denn offenbar hat sie mich ja auch noch betreut. Mein Vater sagt, das tue jetzt noch nichts zur Sache, und erzählt weiter.

Zwei Tage bevor meine Mutter wieder zurückgekehrt sei, habe das Kindermädchen erfahren, dass ihre Mutter an Krebs erkrankt und bereits ins Krankenhaus eingeliefert worden sei. Sie sei verständlicherweise in großer Sorge gewesen, und er habe sich, wie sich das schließlich gehöre, um sie gekümmert. Und er versichere, es sei ihm um nichts anderes gegangen, als ihr in dieser schweren Zeit etwas beizustehen. Ausgerechnet, als er seinen Arm tröstend um sie gelegt habe, sei meine Mutter früher als angekündigt zur Tür hereingekommen. Den Rest könne ich mir denken. Bei diesem Temperament. Stell dir vor, sagte er, noch heute offensichtlich von diesem Ereignis bewegt, sie wollte auf das Kindermädchen losgehen und handgreiflich werden! Und nun musste ich mich vor das Mädchen stellen und sie vor den Schlägen meiner eigenen Frau schützen! Und damit wurde ich zu ihrem Feind und zum Beschützer des Kindermädchens – ohne dass ich es wollte.

Meine Mutter aber, zutiefst verletzt, was er ja auch irgendwie verstehen könne, habe darauf bestanden, dass das Mädchen unverzüglich die Koffer packe und gehe. Ihm aber habe es fast das Herz gebrochen, wusste er doch, wie schlecht es ihr ohnehin ging und dass sie jetzt auch noch mit diesem Rausschmiss fertig werden musste. Aber jeder Einwand seinerseits hätte ihn in ihren Augen noch verdächtiger werden lassen.

Ja, und dies sei der Auftakt zu einer schwerwiegenden Krise gewesen, die schließlich in einer Tragödie endete. Aber er habe einfach die Zeichen nicht ernst genug genommen und gedacht, dass sich das alles wieder einpendle. Es folgte eine schwere Zeit: Philipp sei untröstlich gewesen, habe nur noch geweint, was meiner Mutter nochmals als Bestätigung diente zu behaupten, die Ersatzmutter habe schon bereitgestanden.

Es muss wirklich eine schreckliche Situation für meinen Vater gewesen sein. Zudem war diese fristlose Entlassung objektiv gesehen völlig ungerechtfertigt, darüber hinaus rechtlich nicht zulässig. Also, für meinen Vater war es selbstverständlich, dass er sich um die wirtschaftliche Situation des Kindermädchens kümmerte, sie absicherte, zumal es ihrer Mutter immer schlechter ging und sie sich die letzten Monate ganz der Pflege widmete. Sie konnte also weder eine neue Arbeitsstelle suchen noch eine antreten. Mein Vater zahlte das Gehalt etwa ein Jahr hinter dem Rücken meiner Mutter weiter. Da meinem Vater alles, was mit taktischer Schlauheit zu tun hat, völlig fehlte, hatte er sich auch nicht um irgendwelche Verschlüsselung bei den Zahlungen bemüht. Eines Tages entdeckte meine Mutter die Zahlungen. Und sie bestand auf der Version, wer zahlt, hat Grund zu zahlen. Sie vermutete sogar, dass er das Kindermädchen geschwängert habe. Irgendwann sei er einfach müde geworden, sich zu verteidigen und immer wieder die gleichen Erklärungen abzugeben, und er schlug vor, nicht mehr darüber zu reden. Gut, sagte meine Mutter, reden wir nicht mehr darüber.

Das Familienleben habe sich einigermaßen beruhigt, nach außen hin sei alles wieder heil gewesen, eine neue Kinderfrau wurde engagiert, Frau Werlach, damals bereits weit über 50. Philipp habe zum Trost für den Verlust des Kindermädchens ein Kätzchen bekommen, das er dann auf den Namen Mira taufte und das ich ja auch noch kennen und lieben gelernt hatte.

Ja, so weit, so gut, sagt mein Vater und richtet sein Gesicht mit geschlossenen Augen gegen die Sonne. Jedenfalls habe er gedacht, alles sei so weit wieder in Ordnung. Er habe aber leider übersehen, dass die Geschichte mit dem Kindermädchen in meiner Mutter weitergearbeitet habe, und vor allem habe sie ständig unter dem Druck ihres eigenen Misstrauens gestanden, zweifellos auch genährt durch seine häufigen Abwesenheiten. So habe er nicht mitbekommen, dass sie sich zu verändern begann, kaum merkbar zwar, aber immerhin. Noch immer seien sie nach außen eine glückliche Familie gewesen, keine sichtbaren Störungen, nichts, was irgendwie auf konkrete Probleme hingewiesen hätte. Aber ihr unbeschwertes Lachen sei nicht mehr so oft zu hören gewesen, die Momente, wo sie sich sehr nah und verbunden gefühlt hätten, seien durch äußere Aktivitäten ersetzt worden.

Eines Tages, wohl etwa drei Jahre später, habe er zufällig das ehemalige Kindermädchen auf der Straße getroffen. Es sei für ihn das Normalste auf der Welt gewesen, sie zu einem Kaffee einzuladen und sich nach ihrem

Befinden zu erkundigen, schließlich habe er diesen unrühmlichen Abgang auch mitverschuldet. Die junge Frau hatte sich inzwischen beruflich wieder gefangen. Im Großen und Ganzen gesehen, ging es ihr gut. Ja, eigentlich sehr gut. Nur etwas liege ihr noch am Herzen. Sie würde einfach zu gerne noch einmal die Kinder sehen, von denen sie sich damals nicht einmal richtig verabschieden konnte.

Nun stockt mein Vater, atmet beinahe gequält, begleitet von einem kaum hörbaren Seufzer. Tja, und da habe ich wohl dann den größten Fehler gemacht: Ich willigte ein, und sie gab mir ihre Telefonnummer. Da er aber befürchtete, meine Mutter könne wieder eine der von ihm gefürchteten Szenen machen und darüber hinaus auch noch zusätzliche Nahrung für ihre Phantasie erhalten, sei ihm von Anfang klar gewesen, dass er ihr unter keinen Umständen etwas davon sagen konnte. Das Treffen musste also hinter ihrem Rücken stattfinden, wie, das habe er selbst auch nicht gewusst.

Es seien einige Telefonanrufe hin und her gegangen, man beriet sich, dazwischen trafen sie sich erneut, und, das müsse er ganz ehrlich zugeben, für ihn sei es sehr angenehm und wohltuend gewesen, sich mit einem Menschen unterhalten zu können, dabei nicht ständig unter dem Verdacht zu stehen, etwas Unzulässiges zu machen, und nicht damit rechnen zu müssen, dass der andere bei jeder Kleinigkeit in die Luft ging und explodierte.

Dann kam der 1. November, Allerheiligen, ein Montag, also ein verlängertes Wochenende. Da meine Mutter wieder zur Theaterprobe gehen wollte, habe er sich die Tage eingeteilt, ausschließlich für die Kinder da zu sein, und bei dieser Gelegenheit wollte er dann ganz zufällig auf dem Spielplatz ein kurzes Treffen zwischen den Kindern, die ja von allem nichts ahnten, und dem Kindermädchen arrangieren. Meine Mutter, die eigentlich bei den Proben hätte sein sollen, machte diesem Vorhaben einen Strich durch die Rechnung: Sie hatte Migräne und blieb zu Hause. Und als sich dann das Kindermädchen telefonisch erkundigen wollte, wann genau mein Vater auf dem Spielplatz eintreffen würde, nahm sie den Hörer ab, die junge Frau, zutiefst erschrocken, konnte nur noch «falsch verbunden» stammeln, aber meine Mutter erkannte die Stimme sofort. Was dann geschehen sei, könne er nicht in Worte fassen, sie habe ihn ausgequetscht, wollte alles genau wissen, ja, sie habe ihm sogar mit Selbstmord gedroht. Die folgende Zeit sei derart fürchterlich gewesen, dass er nur noch einen Wunsch gehabt habe, diesem Drama ein Ende zu setzen, und zwar möglichst schnell. Meine Mutter sei wie in einem Delirium herumgegangen, unruhig wie ein Geist von unsichtbarer Hand angetrieben, und habe nur noch einen Satz vor sich hin gesprochen: Es war am Tag der weißen Chrysanthemen, da kam sie mir die Liebe stehlen. Das ganze Haus habe sie in der Folge mit Chrysanthemen umstellt, innen, außen, überall. Man habe sich wie auf einem Friedhof gefühlt.

Und da setzt nun meine eigene Erinnerung ein. Klar, ab November lebten wir alljährlich unter ihnen, den Chrysanthemen. Ich hatte mich schon früh an sie gewöhnt, an ihren süßlichen Duft, der im Hintergrund etwas herb Würziges verbarg, und wenn man sich durch die Würzwogen durchgearbeitet hatte, landete man bei einem neuen Duft, erdig, etwas faulig, wie im Totenreich. Dann musste ich stets an Moritz, meine verstorbene Schildkröte, denken. Und nun natürlich auch noch an Max. Chrysanthemen sind Totenblumen, sagt mein Vater, sie schmücken Gräber, dort gehören sie hin.

Vielleicht hätte sich alles wieder beruhigt, meint er. Aber dann habe er nochmals einen Fehler gemacht. In diesem Totenhaus sei es für ihn kaum auszuhalten gewesen, er habe das Leben gesucht, nicht den ewigen Streit, die steten Vorwürfe, Anwürfe. Sie habe ihn zum schlechtesten Menschen gestempelt, zum chronischen Fremdgänger, zum Treulosen, zum elenden Verräter. Das hat wehgetan, sagt er versonnen. Noch immer liebte ich deine Mutter, und ich habe sie nie mit einer anderen Frau betrogen. Ihm sei es immer schlechter gegangen. In all diesem Elend habe es nur einen einzigen Lichtblick gegeben, das ehemalige Kindermächen: Mira. Gelegentlich heimlich geführte Anrufe hätten ihn wieder etwas aufgerichtet.

Dann kam der zweite Schlag. Meine Mutter ließ sich vom Amt die Anrufe auflisten. Und da war die verräterische Nummer. Der endgültige Beweis für seine Untreue.

An den Rest kann ich mich selbst erinnern. Sie packte meinem Vater eigenhändig die Koffer, raffte alle Kleidung, die ihm gehörte, zusammen und schmiss sie wutentbrannt in die Koffer. Er stand wie gelähmt daneben. Dann ging er, ohne sich umzuschauen. Für immer. Sie warf ihm noch einen Chrysanthementopf hinterher, der zerschellte auf der Treppe. Philipp und ich sammelten die Scherben ein.

Ich will meinem Vater die Fortsetzung der Geschichte berichten, wie ich sie erlebt habe. Wir sitzen noch immer auf der Bank, allerdings längst im Schatten, und mir wird allmählich kühl, komm, sage ich, wir gehen weiter, und ich erzähle dir: In dieser Nacht hielt die Welt den Atem an. Ich wusste nicht, wie weiter. Dann durfte ich bei meinem Bruder im Bett schlafen. Ich hatte Angst. Meine Mutter war völlig durchgedreht. Philipp sprach nicht etwa tröstende Worte zu mir, wir sprachen überhaupt nicht miteinander. Er las bis tief in die Nacht in einem Buch. Ich lag einfach mit offenen Augen neben ihm, hielt mein abgeschabtes Eichhörnchen in meinen Armen und versuchte, nicht an dich zu denken.

An Weihnachten hatte dann meine Mutter den ganzen Theaterverein eingeladen, das heißt diejenigen, die ohnehin nicht wussten, was sie machen sollten. Es ging sehr lustig zu. Meine Mutter war zunächst ganz aufgedreht und fröhlich, tanzte, sang, und dazwischen trällerte sie beinahe vergnügt wie ein junges Mädchen: «... es war am Tag der weißen Chrysanthemen, da kam sie mir das Liebste stehlen». Meine Mutter war wieder ansprechbar, das war die Hauptsache, dazwischen fiel sie zwar immer wieder in ein tiefes Loch, wo sie sich tagelang im Bett aufhielt und nicht mehr sprechen wollte.

Für mich gab es keinen Vater mehr, bitte versteh mich nicht falsch, beschwichtige ich sofort, weil ich sehe, wie ihn meine Worte treffen. Ich fühlte mich von dir verlassen, und der Schmerz darüber war so unendlich groß, dass ich mich wie tot stellen musste. Und als ich dies sage, bricht es nochmals über mich her, da ist diese Beklemmung im Hals wie damals, die sich durch mich hindurchzuwürgen droht, die ich aber wohl auf Grund meines langjährigen Trainings in Schach zu halten vermag, indem ich wie zum Angriff übergehe, meinem Vater mitten ins Gesicht blicke und ihm die drängende Frage stelle: Warum hast du mich einfach vergessen? Lenchen, Lenchen, sagt er, nein, er sagt es nicht einfach, er ruft mich, ruft meinen Namen, wie er es früher oft getan hat, wenn er abends nach Hause kam, wie kommst du auf diese Idee! Ich habe immer wieder versucht, dich zu sehen, aber deine Mutter schmetterte jeden Versuch ab, ich schick dir den Philipp, sagte sie, aber Lenchen wirst du nie mehr in deinem Leben sehen, dafür sorge ich. Daran hatte sie sich auch gehalten, bis auf das eine Mal. Ja, ich erinnere mich gut, werfe ich hastig ein, als du mich gefragt hast, in welcher Klasse bist du jetzt.

Allmählich bricht mir meine Welt auseinander, kein Stein steht mehr auf dem anderen, was ich mir vorgestellt hatte, ist nicht mehr so, wie es war, aber wie es wirklich ist, bin ich gerade erst dabei, allmählich zu begreifen.

Als ich mich von meinem Vater verabschiede, begleitet mich ein eigenartiges, kaum zu benennendes Gefühl. Es ist, wie wenn ich in einem wattierten Skianzug steckte und die Welt nur noch von ferne wahrnähme, ganz ähnlich dem Zustand auf dem Schrottplatz.

Bin ich nur noch Zuschauerin eines Theaterstückes, das mich kaum noch zu berühren vermag, obwohl ich doch mittendrin sitze? Meine Hände fühlen sich taub an, meine Bewegungen sind schwerfällig, ich bin wie abgekoppelt von mir selbst. Gut, Auto fahren funktioniert automatisch, das Auto kennt den Weg, darum muss ich mich nicht kümmern. Ich schalte das Radio ein, in einem solchen Zustand kann das wohl nicht schaden, im Gegenteil, etwas Musik könnte mich wieder zum Leben erwecken. Zuerst zerteilen Pauken und Trompeten wie eine Empörung die Stille, sie schmettern ein großes, sperriges Motiv unverschnörkelt in mein Ohr, ein kantig widerborstiger Rhythmus pflügt sich durch die Landschaft, dann folgen über weite Strecken einstimmig die Holzbläser und verfeinern das Klangbild derart, dass es beinahe lieblich und kaum mehr erkenntlich ist, von Oboen und Klarinetten mit spielerischen Akkorden umrankt, ja sogar etwas verschnörkelt erscheint und nochmals in einer neuer Facette erklingt, und fast klammheimlich schleichen sich die Streichinstrumente ein, nehmen das Thema nochmals auf und führen es weiter, bis es sich in einer beinahe festlichen Stimmung auflöst. Ich überlasse mich ganz dieser klanglichen Reise, lasse mich einfach durch die akustischen Bilder führen, so wie damals in der Kirche an der Seite meines Vaters, als ich mich von den gigantischen Wogen der Orgelmusik forttragen ließ, um vielleicht dem großen Wunder des Ewigen Lichtes etwas näher zu kommen.

Allmählich kehrt auch die Fähigkeit, wahrzunehmen, wieder in meinen Körper zurück, ich spüre, wie ich das Lenkrad halte, ich höre das Geräusch des Motors und sehe die Welt wieder bunter, nein, nicht intensiver, aber doch etwas deutlicher als vorhin.

Auch meine Gedanken flattern nicht mehr wie aufgescheuchte Hühner im Käfig herum. Nur das Herz pocht mir beinahe zum Hals heraus.

Stephan, bist du da? Er kommt mir entgegen. Wir umarmen uns, übrigens, sagt er, da hat einer von der Versicherung angerufen, du sollst zurückrufen.

Das hat mir ja gerade noch gefehlt. Was will Roger von mir? Vielleicht kann er mich doch nicht vergessen. Vielleicht gehöre ich doch zu den Frauen, die ein Mann nicht so leicht vergisst? Oder es könnte auch sein, dass seine Frau auf Kur ist und sich ihm an den langen Abenden, die er alleine zu Hause verbringt, unendlich weite Zeitfenster öffnen, die er gerne mit etwas Romantik und Erotik ausfüllen möchte, mit mir in der Hauptrolle? Jedenfalls hat er an mich gedacht, und es ist wie ein winziger Trost, dass ich doch nicht so leicht aus einem männlichen Erinnerungssieb herausfalle.

Ich rufe nicht zurück.

VII

Obwohl Max tot ist, rede ich weiter mit ihm, genauso, wie ich es nach dem Tod meiner Mutter getan hatte. So entstanden lange Dialoge mit ihr, das heißt, sie sprach wie zu ihren Lebzeiten wesentlich mehr als ich. Natürlich hatte sie auch viel mehr zu sagen, alles, was sie erzählte, war irgendwie faszinierend, und ich hörte ihr auch nach ihrem Tod nicht nur gerne zu, sondern war wie gebannt und lauschte ihren Worten. Ich erinnere mich noch gut daran, wie oft sie mich aufforderte, ja beinahe bedrängte, jetzt sag doch endlich auch etwas, aber wenn ich mich dann zu Wort meldete, hörte sie mir doch nicht zu, sondern redete selbst weiter. Zudem hatte sie natürlich keine Ahnung, was sich in meinem Kopf abspielte. Die Gedanken in mir redeten eigentlich ununterbrochen, oft mehrere gleichzeitig, mit widersprüchlichen Argumenten, so dass ich oft viel zu viel damit zu tun hatte, irgendwie Ordnung hineinzubringen, und einfach überfordert gewesen wäre, alles auch noch sprachlich in einer einigermaßen verständlichen Form zum Ausdruck zu bringen. Aber wie gesagt, davon ahnte sie nichts. Und ich verspürte auch keinerlei Bedürfnis, sie in diesen komplizierten Vorgang einzuweihen, den sie wahrscheinlich doch nicht verstanden hätte.

Für meine Mutter war alles sehr viel einfacher als für mich. Sie war unbestritten eine schöne, beeindruckende Frau. Ihr südländisches Temperament, das sie von ihrer italienischen Großmutter geerbt hatte, stand in einer faszinierenden Übereinstimmung mit ihrer äußeren Erscheinung. Mit einer kaum zu überbietenden Haarpracht ausgestattet, verfügte sie bereits über ein weibliches Grundkapital, das sie unbesorgt und überall zum Einsatz brachte. Ich sage dies ganz ohne Neid, denn meine Haare standen dazu in einem derart krassen Gegensatz, dass sich jeder Vergleich ausschloss. Ich hatte mich mit meinen dünnen mausbraunen Haaren abgefunden, und jede Möglichkeit, dass sich dieses jemals ändern könnte, stand außerhalb meines Vorstellungsvermögens. Manchmal hatte ich das Gefühl, mit jeder einzelnen kümmerlichen Haarwurzel in Kontakt zu stehen, so dass sich diese existenzielle Spärlichkeit wie ein Omen über meinem Dasein ausspannte.

Aber das gebe ich zu, ich sonnte mich gerne in der Ausstrahlung meiner Mutter, immerhin fielen über den Umweg ihrer Attraktivität ein paar durchaus wohlwollende Blicke auf mich, oft waren die Menschen erstaunt, was, riefen sie aus, das soll deine Mutter sein! Jawohl, sagte ich dann stolz, das ist meine Mutter, und ich dachte, tja, das hättest du wohl nicht gedacht, aber stell dir vor, diese wunderschöne Frau ist tatsächlich meine Mutter, und manchmal erlaubte ich mir noch einen kleinen gedanklichen Wunschausflug, schlenderte wie zufällig ins Land der Träume und fantasierte weiter: Wenn man mich genau betrachtet und lange genug hinschaut, dann sind, wenn auch zugegeben etwas verschwommen, doch immerhin, Signaturen meiner biologischen Herkunft zu erkennen. Ich habe nämlich genau die gleichen Ohren wie sie, eng an den Kopf geschmiegt, in sich zusammengekauert wie zierliche Schnecken. Der Vergleich hatte einen Haken, die Ohren meiner Mutter waren nur dann zu sehen, wenn sie die Haare streng zusammengebunden trug, was eher selten der Fall war, sonst wurden sie wie von einem schweren Bühnenvorhang durch ihre Haarpracht geheimnisvoll verdeckt, während meine Ohren nackt und bloß und völlig ungeschützt vergeblich versuchten, sich hinter einer dicken Locke zu verbergen. Aber immerhin. Es waren die Spuren im Schnee, beinahe verweht zwar, aber doch eindeutig vorhanden.

Meine Mutter kümmerte sich rührend und eigentlich ohne Unterbrechung um die Korrektur meines Äußeren. Bereits als ich zehn war, erhoffte sie sich eine Verbesserung und verpasste mir eine Dauerwelle. Mein ohnehin leicht gekräuseltes Haar sollte durch diesen Eingriff mehr Volumen erhalten. Das Gegenteil war der Fall. Es waren traurige Zeiten für mich, die spärlichen Haare fielen in sich zusammen, implodierten wie zum Trotz, widersetzten sich der Regieanweisung meiner Mutter und fristeten ein trostloses Dasein als Konglomerat von Flaum und Verfilzung – und dieser Zustand dauerte über Wochen, wenn nicht gar Monate. Ich war dabei sehr unglücklich, aber ich tröstete mich selbst und dachte, ich habe hiermit die einmalige Chance, mich daran zu gewöhnen, dass ich weder schön noch sonst mit speziellen Vorzügen ausgerüstet bin. Philipp war in dieser Zeit besonders freundlich zu mir, oft fuhr er mit der Hand unter meine Haare und strich langsam hinauf über meinen Hinterkopf, als ob er mir etwas Frischluft zuführen wollte, na, Schwesterchen, geht's gut? Nein, es war eigentlich nie eine Frage, auf die ich hätte antworten können, ich wäre auch gar nicht auf die Idee gekommen, es war mehr eine Feststellung, die keinerlei Widerrede duldete. In solchen Momenten dachte ich oft an meinen Vater, wie gut, sagte ich mir, dass er mich in diesem Zustand nicht sieht.

Meine Mutter war aber nicht nur schön, sondern auch geistreich und äußerst unterhaltsam. Sie verfügte über ein komfortables Repertoire, mit welchem sie ihre ständig wechselnden Stimmungen auszudrücken vermochte. Auf der einen Seite verfügte sie über eine angeborene Heiterkeit, die jeden mitriss, der sich in ihrer Nähe aufhielt. Sie war einfach ein fröhlicher Mensch, sang und trällerte in den Tag hinein, meist kam sie am Morgen bereits singend in das Kinderzimmer – jedenfalls solange Vater noch bei uns wohnte. Sie versprühte eine ungemeine Lebensfreude, die derart ansteckend war, dass ich daneben meinen Kummer einfach vergaß. Andererseits aber konnte ihre muntere Grundstimmung jäh umschlagen, wie ein sonnendurchfluteter wolkenloser Himmel plötzlich zuzieht und ein Hagelgewitter aus ihm losbricht. Als Vater noch bei uns wohnte, feierte sie regelmäßig rauschende Feste, an denen wir Kinder ebenfalls teilnehmen durften, ganz nach italienischer Art, bis in die tiefe Nacht hinein. Nach der Scheidung meiner Eltern führte sie diese Tradition weiter, allerdings veränderte sich der Ablauf, zuerst war meine Mutter stets bester Laune, gegen Mitternacht kippte ihre Stimmung, und sie stürzte in einen tiefen Abgrund düsterer, anklagender, hadernder Worte, und so wie sie es verstand, als fröhlicher Mensch alle in ihren Bann zu ziehen, hörten ihr alle zu, wenn sie als die große Tragödin ihrem unermesslichen Leid wegen ihrer Scheidung freien Lauf ließ. Mir war das immer äußerst peinlich, und ich hätte mich am liebsten in Luft aufgelöst. Obwohl mir kein Gedanke ihrer Denkweise fremd war, wollte ich nicht, dass sich meine Mutter vor anderen derart erniedrigte. Gut, am besten ertrug ich es noch, wenn sie ihr Wutprogramm durchzog, sich gegen ihr Schicksal vehement aufbäumte, die Nebenbuhlerin aufs Übelste beschimpfte, aber wenn sie dann in sich zusammensank, nur noch als sitzendes Opfer vor sich hinstarrte, waidwund geschlagen, und kein Impuls der Empörung mehr zu spüren war, sie zu allem Elend auch noch den Vers mit den verdammten Chrysanthemen rezitierte, war für mich der Gipfel des Unerträglichen erreicht: «Es war am Tag der weißen Chrysanthemen, da kam sie mir die Liebe stehlen...» Meist rannte ich hinaus. Ins Freie. Oder aufs Klo, um mich zu übergeben. Nie fühlte ich mich ohnmächtiger als in einem solchen Moment, ja, Ohnmacht und gleichzeitig eine unbeschreibliche Wut auf meinen Vater, der meine Mutter einer anderen wegen verlassen hatte und schließlich dafür verantwortlich war, dass aus meiner wunderbaren, energiegeladenen Mutter ein dummes Huhn wurde, das sich selbst zum Schlachten anbot. Und in diesen Wutmomenten schwor ich mir zwei Dinge: Erstens, die Rolle der sitzen gelassenen Ehefrau mit Kindern kommt für mich nicht in Frage, und zweitens, ich will meinen Vater nie mehr sehen.

Gut, die Aktien standen schlecht für mich. Ich war davon überzeugt, wohl nie einen Mann für mich begeistern zu können, und es würde auch nie einer verrückt nach mir sein. Aber meine Mutter erzählte ja immer wieder, obwohl mich dein Vater vergötterte, verließ er mich wegen einer anderen. Also hält sich die Begeisterung eines Mannes für eine Frau ohnehin in zeitlichen Grenzen. Aber eines war mir klar, lieber allein bleiben als in dieser demütigenden Weise enden. Ich würde mein Leben auch in Liebesdingen in meine eigenen Hände nehmen, würde wachsam sein, damit mich nicht eines Tages völlig unverhofft der Blitz erschlüge.

Zwischenzeitlich sind mir allerdings meine Regieanweisungen etwas aus dem Ruder gelaufen, ich wollte mich von Stephan trennen, weil ich davon überzeugt war, dass er eine andere vögelte, und nun bin ich prompt wieder mit ihm zusammen, intensiver denn je, und meinen Vater, den ich nie mehr sehen wollte, habe ich inzwischen auch wieder getroffen, und der will mir nun auch noch weismachen, dass nicht er es war, der meine Mutter verlassen hatte, sondern dass sie ihn aus dem Haus geworfen hat, und darüber hinaus behauptet er, er habe sie niemals auch nur im Traum betrogen. Und obwohl ich ihm nicht glauben will, glaube ich ihm.

In solchen Zeiten, wo nichts mehr stimmt, ist es gut, wenn es Fixpunkte gibt, an denen man sich orientieren kann. Das einzige Verlässliche in meinem Leben war

Max. Aber Max ist tot. Mein über alles geliebtes Mäxchen. Kein Grab irgendwo. In Paris gibt es einen Hundefriedhof. Sollten wir vielleicht den toten Max in einen großen Koffer packen und nach Paris fahren? Nein, du bist verrückt, das geht nicht, sagt Stephan, warum denn nicht, will ich wissen, ich brauche einen Ort, wo ich mich hinstellen kann, eine Kerze anzünden und seiner gedenken, Max, der mich wortlos verstand, der mich durch die schlimmste Hölle in meinem Leben begleitete, mir treu die vielen Nachtstunden im tosenden Meer der Kajüten und Küchenschürzen zur Seite stand. Wir könnten ihn kremieren lassen und seine Urne im Wohnzimmer aufstellen, sage ich zu ihm mit unterdrückten Tränen, das fehlte noch, meint er, so weit kommt es noch, dass wir unsere Haustiere in Vasen abfüllen, weshalb denn nicht, wir könnten die Asche ja auch irgendwo begraben, im Wald oder so, unter einem Baum, und dann könnten wir wenigstens den Baum besuchen und so mit ihm in Verbindung bleiben. Er will definitiv nicht. Aber für mich ist die Sache klar: Diesmal höre ich nur auf mich.

Ich rufe unseren Tierarzt an, sage, was ich vorhabe, er unterstützt mich darin und sagt, er werde alles Nötige veranlassen.

Nach zwei Wochen erhalte ich die Urne per Post zugestellt, ich sage, ich gehe nun in den Wald, kommst du mit, selbstverständlich sagt er, ich komme mit, und auch mein Bruder findet sich zum stillen Hundebegräbnis ein.

Und als wir die Asche an die freigelegten Wurzeln eines Baumes streuen, überkommt es mich derart heftig, mein ganzes jämmerliches Dasein bricht in mir auf, alles, was mich je schmerzte, kumuliert in diesem Moment zu einem einzigen Vulkan. Ich weiß nicht, was mich in eine derartige Pein hineinzubringen vermag, ist es mein eigenes Unglück oder der Kummer meiner Mutter, ist es die unglückliche Liebesgeschichte zwischen meiner Mutter und meinem Vater oder meine eigene beinahe verunglückte Ehe. Oder einfach der endgültige Abschied von Max. Meine Mutter wäre in einem solchen Moment einfach ohnmächtig geworden, wäre irgendeinem Mann filmreif in die Arme gesunken, er hätte sie aufgefangen und ihre schönen dunklen Locken wären ihr über das verzweifelte Gesicht gefallen und hätten ihr diese unbeschreiblich zerbrechliche Ausstrahlung verliehen, die in jedem Mann unverzüglich den Beschützerinstinkt wachruft. Ich habe diese Möglichkeit nicht. Ich stehe etwas verlegen da. Keine verspielte Locke. Kein hilfloses, aber geschmeidiges Sinken in Männerarme. Nichts dergleichen. Gehen wir, sage ich, ja, sagt mein Bruder, und mein Mann folgt wortlos.

Während sich Stephan und Philipp noch in der Stadt neue Tennisschläger besorgen wollen, fahre ich nach Hause. Ich bin richtig erleichtert darüber, allein zu sein, so kann ich ungehindert meinen eigenen düsteren Gedanken nachhängen. Bald wird mir klar, ich habe eigentlich nur zwei Möglichkeiten, meine Zukunft anzugehen, entweder ich versinke noch tiefer in meiner Trübseligkeit, oder ich kratze das letzte Restchen Kraft zusammen und versorge es so lange mit Sauerstoff, bis es sich zu einer unumstößlichen vorwärtsdrängenden Energie bündelt und mich in das Leben zurücktreibt. Als ich in die Wohnung komme, werde ich bereits vom Anblick der an der Garderobe hängenden Hundeleine empfangen, die mir wie ein Köder an der Angel vorkommt, um mich in meiner Traurigkeit einzufangen. Nein, denke ich, da mach ich nicht mit, ich lasse mich nicht länger von meinem eigenen Trübsinn einlullen und fesseln. Ich packe das Kümmernis am Schopf und werfe es kurzerhand in den Mülleimer, gleichzeitig packe ich auch noch sämtliche anderen Utensilien, die mich an Max erinnern, zusammen, das sind der große Korb im Flur, die Decke im Schlafzimmer, die vielen Medikamente, die Hundebürste, Hundegeschirr, Spielsachen, einfach alles wird ausgemistet, und plötzlich ertappe ich mich bei dem Gedanken: Zwei gestorbene Hunde sind genug. Ich packe alles in große Säcke, und weil ich gerade so schön in Schwung bin, beginne ich auch in meinem Schuhschrank aufzuräumen. Hundeschuhe brauche ich auch nicht mehr, also weg damit, aber auch die vielen unbequemen Schuhe, die ich wegen ihrer Passform nie anziehe und die ich nicht einmal zu verschenken wage, fliegen ebenfalls aus dem Regal. Die gesamte Regenschutz- und Allwetterbekleidung landet ebenso im Abfall, ich gerate immer mehr in Schwung, trenne mich von Dingen, die da herumhängen und -stehen und die ich selten oder überhaupt nicht benutze, ja, mit jedem entsorgten Gegenstand stellt sich eine beinahe unbeschwerte Heiterkeit ein, sie treibt mich weiter, ich miste meinen Kleiderschrank aus, das Rüschenkleid, das ich mit 18 trug, fliegt raus, die vielen etwas zu eng gewordenen Hosen und T-Shirts, zwei Abendkleider von meiner Mutter, überhaupt viele Kleider von ihr, die da mitten in meinem Schrank residieren und viel Platz beanspruchen, die mir weder passen noch gefallen und deshalb nie von mir getragen wurden, Unterwäsche, die ich nie mehr benutzen werde, das Handtaschensortiment wird auf wenige Stücke reduziert, alles wird sortiert und ausgemistet. Ich habe den Eindruck, Lasten abzuwerfen, es wird immer leichter, dann folgt die Küche, da hält sich das Gerümpel in überschaubarer Größe, da Stephan immer wieder dafür sorgt, dass sich nichts in den Ecken einnistet, was nicht da hingehört. Schließlich steige ich noch auf den Speicher und miste großzügig aus, trenne mich von Vergangenheiten, die weit hinter mir liegen, lediglich ein kleines Fotoalbum behalte ich noch. Zum Schluss folgt der Keller. Da haben wir tatsächlich noch unsäglich viele Dinge gehortet, die wir nicht mehr brauchen. Ich finde auch noch meine Eiskunstlaufschuhe aus meiner Jugend, Größe 34, als ob meine Füße jemals wieder auf diese Größe schrumpfen könnten. Hamsterkäfige aus Stephans Jugendzeit und seine gesamte Modelleisenbahn, die bereits an einigen Stellen Rost ansetzt. Gut, ich wage nicht, seine Sachen anzutasten, aber ich stelle sie auf einen Extrahaufen. Ich bin in einer wunderbaren Euphorie, eigenartig beschwingt und federleicht.

Am Schluss sieht es aus, wie wenn wir gerade einen Umzug vorhätten. Als Stephan am Abend nach Hause kommt, ist er zuerst ziemlich erschrocken, dann aber fängt er unverzüglich damit an, seine Sachen ebenfalls durchzuschauen und auszusortieren.

Die vielen Säcke türmen sich im Treppenhaus, nein, sage ich, das kommt mir nie mehr in die Wohnung. Da der Durchgang für unsere Nachbarn etwas schmal geworden ist, informieren wir sie darüber, dass alles morgen weggeschafft wird. Wenige Stunden später stehen noch weitere Säcke dort. Offenbar wirkten wir inspirierend.

In dieser Nacht schlafe ich zum ersten Mal seit langer Zeit wieder gut. Einfach erleichtert, obwohl mich der Abschied von Max noch sehr beschäftigt. Wenn ich mir vorstelle, dass diese vielen Dinge, die ich eigentlich nicht brauche, mir in meinem Leben so viel Platz verstellten, dass ich mich stets darum herumzuschlängeln hatte, wird mir auch klar, weshalb ich oft von einer derart bleiernen Müdigkeit erfüllt war, dass ich mich zu nichts richtig aufraffen konnte. Geschweige denn mich einfach über das Leben freuen. Wahrscheinlich beeinflusst Gerümpel sogar unser Denken. Vielleicht setzen sich verstaubte Dinge wie klebrige Flöhe auf unsere Gedanken, nisten dort und legen Eier und sorgen dafür, dass sich alles verklumpt und keine neuen Lebensperspektiven erdacht und entwickelt werden können.

Im Rahmen meiner Aufräumaktion habe ich auch meine Stelle gekündigt. Diesen Schritt hätte ich wohl selbst kaum für möglich gehalten. Obwohl mir die Arbeit eigentlich nie zusagte, habe ich mich mit ihr irgendwie arrangiert. Jetzt sage ich mir, so kann es nicht weitergehen mit Zahlen-Sortieren, Statistiken-Auswerten und dergleichen. Ich habe zwar keine Ahnung, was ich stattdessen machen soll, aber Stephan unterstützt mich in meiner Entscheidung. Früher dachte ich stets, bevor ich nicht weiß, was ich eigentlich will, treffe ich keine Entscheidung. Aber vielleicht musste ich zuerst das Alte loslassen, damit es Raum gab für neue Möglichkeiten. Ich habe wie ein Flugzeug, das den Landeplatz nicht finden konnte, lange Warteschleifen gedreht, weil alle Positionslichter von Sperrmüll verdeckt waren.

Nur die Sache mit Stephan ist mir so richtig unter die Haut gegangen, und zwar in einer Heftigkeit, die ich selbst nicht für möglich gehalten hatte. Aber auch in dieser Angelegenheit lauerte hinter all der Verzweiflung eine süßliche Genugtuung, und ich hörte meine Mutter sagen, lass die Finger von Stephan, der ist einfach eine Nummer zu groß. Ich war während all der Jahre auf der Hut gewesen. Gut, ich muss schon zugeben, dass ich Stephan sehr liebte. Aber ich rechnete stets damit, dass er mich eines Tages wegen einer anderen verlassen würde. Deshalb wollte ich für den Moment vorbeugen, wo mir der Boden unter den Füßen ins Wanken geriete. Im Nachhinein denke ich, meine Maßnahme dagegen, sofort mit einer eigenen Affäre gegenzusteuern, war absolut richtig. Allerdings war Roger nicht der geeignete Mann. So einen unbegabten Liebhaber hätte ich mir in den trübsinnigsten Träumen nicht auszumalen vermocht. Und selbst meine Mutter wäre wohl der Ansicht gewesen, dass ich etwas Besseres verdient hätte. Nur eines wundert mich, dass ich nicht unverzüglich das Handtuch warf und die Übung abblies. Zu meiner Entschuldigung sage ich mir, klar, mir saß die eigene Not im Nacken, und da wird man eben etwas kurzsichtig.

Nein. Ich will keinen neuen Hund. Und auch keine neue Stelle. Ich bin gerade dabei herauszufinden, was ich denn eigentlich will. So leicht ist das gar nicht. Ich muss mich zuerst einmal daran gewöhnen, dass um mich herum nicht alles zugemüllt und mir die Aussicht verstellt ist. Und ich spüre, ich brauche Zeit dazu.

Allmählich verstummt der Dialog mit meiner Mutter, und sie rückt etwas in den Hintergrund. Nein, nicht, dass ich sie vergessen hätte, aber sie ist nicht mehr ununterbrochen in mir präsent. Und auch die Gespräche mit Max werden spärlicher. Zweimal nur habe ich den Ort besucht, wo wir seine Asche begraben haben, ich stocherte etwas unbeholfen zwischen den Ästen am Boden herum, versuchte mir vorzustellen, dass er vielleicht schwanzwedelnd in der Baumkrone hockt und zu mir herunter knurrt, aber es will mir nicht so recht gelingen. Als ich danach nach Hause komme, fragt Stephan, und, wie war es, ach, sage ich, ich glaube, ich muss da nicht mehr hin. Es ist erledigt.

VIII

Inzwischen besuche ich meinen Vater regelmäßig. Einerseits knüpfe ich an die ehemalige Innigkeit, die ich als Kind mit ihm hatte, an, tauche in das mir wohlvertraute wortlose Einverständnis zwischen uns ein, wo es keine Fragen mehr gibt, sondern nur ein großes weites Gefühl der gegenseitigen Herzlichkeit. Andererseits springen unverhofft Erinnerungsfetzen in mein Bewusstsein, verstricken mich plötzlich in detektivisches Grübeln, welche Bilder wohl die Realität widerzuspiegeln vermögen. Aber allmählich gewinne ich zunehmend den Eindruck, meine Erinnerungen nochmals überprüfen zu müssen, um vielleicht mit ein paar feinen Pinselstrichen hier und dort meine Sichtweise zu korrigieren oder zuweilen sogar völlig neu zu entwerfen.

Vor einigen Wochen war Vater bei uns, und er lernte Stephan kennen. Da saßen die beiden Männer nebeneinander, und ich dachte, wie komisch, zwei sich völlig Fremde, die sich da begegnen, die eigentlich nichts miteinander zu tun haben, außer dass sich ihre Positionen, der eine als Vater, der andere als Ehemann, in meiner Person zusammenfinden. Sie haben keine andere Wahl, als sich gegenseitig füreinander interessieren zu müssen. Für mich sind es die beiden Menschen – zusammen mit Philipp –, die mir am meisten bedeuten.

Nein, sie sind sich nicht ähnlich. Weder äußerlich noch in ihrem Wesen. Und doch. Mit ihnen zu sitzen, einfach so, über dies und das zu reden. Vaters intellektuelle Fähigkeit schlägt immer wieder durch, wird sofort von Stephan beantwortet, ich sitze dabei, mit ganz geheimem Stolz, höre ihrem Diskurs zu, habe meine eigenen Gedanken und fühle mich einfach außerordentlich gut. Oder einfach paradiesische Belanglosigkeiten austauschen. Vielleicht ist es das Paradies, mit den Menschen, die uns am liebsten sind, einfach zusammen zu sein, beinahe ein animalisches Wohlgefühl. Einfach so. Und irgendwann kommt mir der Gedanke, ob dieses grundlegende Gefühl des Wohlseins das Geheimnis des Ewigen Lichtes sei. Aber ich behalte meine Überlegungen für mich.

Vieles um mich herum verändert sich. Wenn ich mich im Spiegel betrachte, habe ich sogar den leisen Verdacht, dass sich auch meine Haare in ihrer ausgedünnten Konsistenz zu verändern beginnen, irgendwie sind sie fester und sogar dichter geworden. Ich frage Stephan, ob er nicht auch das Gefühl habe, dass meine Haare fülliger geworden seien. Ja, sagt er, jetzt, wo du mich darauf ansprichst, und bei genauem Hinsehen gewinnt man tatsächlich den Eindruck, deine Haare seien irgendwie beschwingter geworden. Aber waren sie das nicht schon immer?

Die Beziehung zu Stephan ist ebenfalls anders geworden. Inzwischen sind mir sämtliche Verdachtsmomente abhanden gekommen, sie sind wie vom Erdboden verschluckt, ja, gelegentlich denke ich sogar, wie konnte ich ihm nur so eine widerliche Affäre überhaupt andichten. Es ist, wie wenn ich mich an einen nicht besonders guten Film erinnern sollte, dessen Inhalt ich bis zum heutigen Tag nicht ganz verstanden habe. Du bist anders geworden, du hast dich verändert, sagt er immer wieder – und schaut mich dabei an, liebevoll, als ob er mit dieser Veränderung einverstanden wäre, ja, sage ich, mag wohl sein. Es gibt immer öfter Momente, da wird alles um mich herum vogelleicht, geradezu heiter, ich fühle mich zum Leben dazugehörig, und in solchen Augenblicken wird auch unsere Beziehung plötzlich zur unbekümmerten Spielwiese, so wie einst. Wir kichern wieder. Wir knutschen, halten uns an den Händen, zwicken uns in den Hintern, flüstern Gewagtes, beinahe Vergessenes aus den Tagen erster Verliebtheit, und nachts, ja nachts, da tauchen wir in ein Meer berauschender Gefühle und Zärtlichkeit füreinander. Und in solchen Momenten vergesse ich alles, was mich je bedrückte, und in jeder Zelle meines Körpers knistert die Liebe.

Nun aber, seit kurzem, klopft ein Bedürfnis unüberhörbar an meine Tür: Ich möchte zum Grab meiner Mutter. Sie starb damals unerwartet. Sie prophezeite stets, eines Tages werde sie an gebrochenem Herzen umkommen. Und ich glaubte es ihr aufs Wort. Als es dann so weit war, war mir klar, dass mein Vater schuld war, dass sie starb. Der ganze Gram über die Scheidung hatte ihr derart zugesetzt, dass sie nicht darüber hinwegkam und irgendwann einfach verschied. Ihren letzten Wunsch, auf dem Grabstein den Text eingravieren zu lassen: «Es war am Tag der weißen Chrysanthemen» fand ich jedoch furchtbar, und ich war dagegen, diesen Unsinn auch noch als Grabinschrift zu verewigen. Philipp meinte jedoch, der letzte Wunsch eines Menschen verdiene Respekt, auch wenn er unverständlich sei, und setzte sich für die Umsetzung ein. Ich hatte die Chrysanthemen aus tiefstem Herzen gehasst. Ab November war jedes Jahr das ganze Haus voll mit diesen Sterbeblumen, überall dieser süßliche Verwesungsgeruch, der mich ganz verrückt machte, ich konnte meine Mutter noch so darum bitten, mit dieser Dekoration aufzuhören, nein, sagte sie, das kommt nicht in Frage, schließlich dokumentieren sie meine Geschichte.

Ich aber hatte unter diesen Blumen gelitten, es war, wie wenn der Duft nochmals die alten Schreckensbilder, als Vater auszog, heraufbeschwor. Der Duft kroch förmlich in mich hinein, durchdrang alles, die Kleider, mein Denken, einfach alles. Was hätte ich darum gegeben, diese Blumen loszuwerden! Aber nein. Alle Jahre wieder. Beim letzten Besuch bei meinem Vater hatte ich dann auch noch die komplette Chrysanthemengeschichte gehört. Als nämlich mein Vater meine Mutter kennenlernte und sie sich beide Hals über Kopf ineinander verliebten, schenkte er ihr das wunderschöne Liebesgedicht von Rainer Maria Rilke mit der Textstelle:

I.
«Und wie mag die Liebe dir kommen sein?
Kam sie wie ein Sonnen, ein Blütenschnein,
kam sie wie ein Beten? Erzähle:

Ein Glück leuchtete aus Himmeln sich los
Und hing mit gefalteten Schwingen groß
An meiner blühenden Seele…

II.
Das war der Tag der weißen Chrysanthemen,
Mir bangte fast vor seiner schweren Pracht.
Und dann, dann kamst du mir die Seele nehmen
Tief in der Nacht.

Mir war so bang, und du kamst lieb und leise.
Ich hatte grad im Traum an dich gedacht.
Du kamst, und leis wie eine Märchenweise
Erklang die Nacht…»

Und diesen Text hatte meine Mutter nach der Trennung von meinem Vater kurzerhand umformuliert in «Es war am Tag der weißen Chrysanthemen, da kam sie mir die Liebe stehlen…». Als mir mein Vater davon erzählte, musste er mehrmals die Geschichte unterbrechen. Ich glaube, er weinte. Lautlos. Aber irgendwie passte es eben zu meiner Mutter, dass sie einfach etwas nach ihrer Vorstellung umformulierte. Nein, ich sage das ohne jeglichen Groll auf sie, aber oft strapazierte sie mich mit ihrer exaltierten Art, trotzdem liebte ich sie über alles.

Als ich dann von zu Hause auszog, hatte ich ohnehin Krach, meine Mutter nahm es mir übel, dass ich mit Stephan zusammen war. Die räumliche Distanz zu meiner Mutter erlebte ich zunächst wie eine Befreiung, und es kam mir auch sehr gelegen, dass sie mich zunächst nicht sehen wollte. Es tat mir richtig gut, nicht ständig daran erinnert zu werden, dass ich im Begriff war, in ihren Augen den größten Fehler meines Lebens zu begehen, wie sie es nannte. Endlich fühlte ich mich frei. Aber ausgerechnet am 1. Advent hisste sie die Friedensfahne, lud uns ein, Kind, sagte sie, wir müssen uns wieder verstehen, ja, sagte ich, aber ich ahnte nicht, dass sie wieder das ganze Haus mit diesen mir so verhassten Blumen geschmückt hatte. Mir wurde zunächst richtig übel, bist du schwanger, forschte sie in mich hinein, nein, es ist nichts, doch, sicher bist du schwanger, wenn einem so plötzlich übel wird, wer wüsste das besser als ich, als ich Philipp erwartete, litt ich die ersten Monate unter derartiger Übelkeit, dass ich die meiste Zeit im Bett verbringen musste, und bei dir war es nicht besser, aber euer Vater hat mich liebevoll umsorgt, damals noch, da war alles noch anders, das waren noch wunderschöne Zeiten, ach, hätte ich geahnt, welches Schicksal mich mit diesem Mann noch erwartet, ich hätte ihm sicher keine Kinder geboren, damit meinte sie uns, und sie war wieder bei ihrem Lieblingsthema gelandet und erwartete ungebrochenes Mitleid. Und weil ich darin seit Kindesbeinen geübt war, vergaß ich meinen eigenen Kummer rasch und meine Übelkeit dazu.

Der Gedanke lässt mir keine Ruhe, das Grab meiner

Mutter zu besuchen, und irgendwann entschließe ich mich dazu. Ich weiß zwar nicht genau, weshalb, aber ich muss einfach da hin. Und ich beginne schon, mir auszumalen, wie ich am Grab meiner Mutter stehe, die Bilder werden zunehmend deutlicher, und ich sehe mich, wie ich ihr einen riesigen Strauß Chrysanthemen aufs Grab lege.

In unserem Blumengeschäft, unten an der Ecke, bestelle ich telefonisch einen großen Strauß weißer Chrysanthemen. Es ist kein Problem, diese Blumen zu erhalten. Die Jahreszeit ist günstig. Wollen Sie nicht lieber eine schöne Topfpflanze, die würde viel länger halten? fragt die Floristin freundlich, nein, sage ich, es muss ein Strauß sein.

Morgen fahre ich zum Grab meiner Mutter, informiere ich Stephan, ja, sagt er, mach das, soll ich mitkommen, nein, winke ich ab, ich will alleine hingehen.

Es war eigentlich immer so, die schwierigen Dinge mache ich dann lieber alleine. Schließlich muss der Gang zur Guillotine immer mausallein bestritten werden. Marie Antoinette, Maria Stuart, meine virtuellen Freundinnen, die mich in den vielen endlosen Tagen der Trostlosigkeit in meinem Leben begleiteten und deren Biografien ich mehrmals gelesen habe. Gut, wenn Max noch lebte, würde ich ihn selbstverständlich mitnehmen. Er gäbe mir Halt, Orientierung und irgendwie auch Glauben an mich selbst.

Zugegeben, ich bin aufgeregt wie vor einem Rendezvous, und ich habe die ganze Nacht fast kein Auge zugetan. Welche Worte würde ich in dem Moment finden, wenn ich den Strauß auf die Erde lege oder hinwerfe, nein, laut würde ich nicht sprechen wollen, bei mir läuft eh alles innerlich ab, quasi hinter der Kulisse. Ich sehe mich, wie ich souverän dastehe, mit erhobenem Haupt und einfach kurz und knapp «da» sage, während ich die Blumen aufs Grab lege, aber ich könnte mir auch vorstellen, dass ich den Strauß in einem großen theatralischen Schwung auf die Erde werfe, so wie es ihr sicher gefallen würde: «Da hast du deine verdammten Chrysanthemen zurück», dann würde ich meiner Mutter noch sagen wollen, wie mich die ganze Scheidungsgeschichte in meiner Jugend gequält hatte und wie sie jedes Jahr, gerade dann, wenn die Wunden allmählich etwas zu verheilen begannen, das Drama nochmals neu aufleben ließ, mit diesem verfluchten Grabgeruch, diesen weißlichen, leicht vergilbten scheußlichen Moderblumen, und ich würde ihr auch noch sagen wollen, dass ich manchmal nicht wusste, ob es alles so verdammt schmerzte, weil ich meinen Vater nicht hatte, oder ob mich ihr Schmerz, vom Mann betrogen worden zu sein, oder beides zusammen beinahe um den Verstand brachte. Aber ich mache mir nichts vor, in meiner Vorstellung sitzen die Szenen jeweils perfekt, wie ich mich verhalten will, so wie ja auch mit Stephan, als ich ihn vom Flughafen abholte, dann aber, in der Realität, nimmt das Ganze eine unerwartete Wendung, und das vorher Gedachte läuft aus dem Ruder und macht, was es will. Und dann ist plötzlich Schluss mit dem Gefühl, alles im Griff zu haben und sehr nüchtern und souverän die Situation zu meistern. Die ganzen Vorsätze geraten dann durcheinander, und ich verhalte mich so, wie ich es niemals wollte.

Auf der Fahrt auf den Friedhof bin ich innerlich so ruhig, wie wenn ich auf dem Weg zum Wocheneinkauf wäre. Aber ich befürchte, die Aufregung würde schon noch über mich kommen und meine Pläne durcheinanderwühlen. Den Strauß habe ich in den Kofferraum verbannt, damit er mir nicht mit seinem Grabgeruch nochmals die Sinne vernebelt. An diesem Morgen ist es beißend kalt. Es herrscht nur wenig Verkehr. Als ich beim Kirchhof ankomme, ist keine Menschenseele dort zu sehen. Und das ist gut so. Wenigstens bin ich allein. Keine Zeugen. Schnell hole ich den Strauß aus dem Kofferraum und mache mich auf den Weg. Auf den Gräbern sitzen kleine weiße Frosthäubchen, Vorboten des nahenden Winters. Der leicht angefrorene Kieselsteinweg, der unter meinen Schritten kaum hörbar knirscht, führt um einige Ecken, vorbei an großen Grabsteinen, unter denen irgendwelche Kirchenherren ruhen, deren Bedeutung noch künstlich über ihr Ableben in die Gegenwart hineinragen soll, obwohl ihre Namen niemand mehr kennt, eine große Statue hält Wache, ich komme vorbei an den Kindergräbern, ein frisches kleines Grab mit künstlichen Blumen, mittendrin sitzt ein Plüschbär, ich muss an Max denken, weshalb gibt es hier denn keinen Hundefriedhof, so wie in Paris. Das Grab meiner Mutter befindet sich in einer kleinen, aus nur wenigen Gräbern bestehenden Gruppe, wie zu einem Reigen in gravitätischer Haltung aufgestellte Grabsteine, umgeben von mit Reif bedeckten Bäumen und Sträuchern. Ihr Grab liegt in der vorletzten Reihe, die Kuppe des blütenweißen Marmorsteins sehe ich von weitem, doch dann, als ich näher komme, traue ich meinen Augen nicht: Die ganze Grabstätte, über der eine schön angeordnete grüne Bepflanzung liegt, ist mit unzähligen schneeweißen Chrysanthemen bedeckt. Und wieder wankt der Boden unter meinen Füßen, wie damals, als ich meinte, Stephan hätte eine Affäre mit einer anderen Frau, wie hinterher, als ich erfuhr, dass dem nicht so war, es ist, wie wenn eine Orientierung wegfällt, alles gerät außer Kontrolle, Fragen drängen sich auf, bin ich etwa heute Nacht schon hier gewesen und weiß es einfach nicht mehr? Woher kommt dann aber der Strauß in meinen Händen? Dann sehe ich, dass die Blumen in mit Goldornamenten verzierten Töpfen eingepflanzt sind, ja, in weißen Töpfen, die ich heute zum ersten Mal sehe. Das vermag mich etwas zu beruhigen. Aber ich bin irritiert. Wer hat diese Blumen hierhergebracht? Mein Vater? Philipp? Mein Plan ist total durcheinandergeraten, jedenfalls ist kein Platz für meinen Strauß vorhanden, und damit gibt es auch keine noch so winzige Lücke für meine im Vorfeld erdachten Worte.

Beinahe fluchtartig verlasse ich unverrichteter Dinge den Ort und renne zum Auto, schmeiße die Blumen auf den Rücksitz, ich muss wissen, wer die Chrysanthemen aufs Grab gebracht hat. Ich rufe sofort meinen Vater an, der mir versichert, nichts davon zu wissen. Also Philipp. Ich rufe nicht an, sondern fahre direkt zu ihm ins Geschäft. Wie schön, Schwesterchen, dich zu so früher Stunde zu sehen, scherzt er wie üblich, was kann ich für dich tun, einen Kaffee kochen, ein Brötchen holen? Nichts von alledem, sage ich aufgeregt, ich will nur wissen, wer Mutter diese verdammten weißen Chrysanthemen aufs

Grab gelegt hat! Chrysanthemen, sagst du, nein, die stammen nicht von mir. Vielleicht hat Vater in einer Anwandlung von Romantik? Nein, unterbreche ich ihn, der hat nicht. Ich gerate nun völlig durcheinander, während Philipp völlig gelassen bleibt. Komm, Schwesterchen, sagt er plötzlich ganz ernst und teilt seiner Sekretärin mit, dass er nun für den Rest des Tages verhindert sei, wir fahren in meine Wohnung, wo wir ganz ungestört sein können. Ich glaube, ich weiß, wer es war, ich werde es dir erzählen.

IX

Er bietet mir ganz gegen seine Gewohnheit seinen bequemen Sessel an, komm, setz dich, mach es dir bequem, soll ich dir eine Decke holen? So viel Fürsorge lässt nichts Gutes ahnen. Tja, sagt er dann etwas gequält, es ist nicht einfach für mich, aber es muss wohl sein. Und dann beginnt er, holt seine Worte von weit her, wie ein Hirte, dessen Herde sich in alle Himmelsrichtungen verlaufen hat und der nun nach jedem einzelnen Schaf suchen muss.

Es sei weiß Gott keine leichte Aufgabe, fängt er etwas zögerlich an, er habe, das müsse ich ihm glauben, immer nur mein Bestes gewollt und sich stets darum bemüht, mich vor weiteren seelischen Erschütterungen zu bewahren, und deshalb habe er mir nicht aus bösem Willen etwas verschweigen wollen, sondern um mich zu schonen, versichert er mir mehrere Male.

Also, du weißt, fängt er an, Mutter war, nachdem Vater gegangen war, außer sich vor Kummer und Verzweiflung. Du erinnerst dich. Ich nicke, und ob ich mich erinnere, so deutlich, als ob es gestern gewesen wäre. Unsere Mutter hat ja oft ganze Nächte durchgeweint, manchmal sogar laut herumgeschrien, dass wir Kinder nicht mehr ein und aus wussten. Er fährt fort, dass er stets in großer

Sorge nicht nur um die Mutter, sondern auch um mich gewesen sei, schließlich habe er sich auch für mich verantwortlich gefühlt. Philipp schaut mich an, Lena, du warst ja noch klein, und ich habe doch gesehen, wie sehr dich die Trennung und Scheidung unserer Eltern mitgenommen hat. Oft hast du im Schlaf vor dich hin gewimmert, und da du ja darauf bestanden hast, bei mir im Zimmer zu schlafen, habe ich das alles mitbekommen. Ich unterbreche ihn, frage, wie hast du das denn alles überstanden, ach, antwortet er, er hätte gar keine Zeit gefunden, sich um sich selbst zu kümmern, da er alle Hände voll zu tun gehabt habe, dafür zu sorgen, dass die Mutter einigermaßen über die Runden kam. Aber, frage ich etwas zaghaft zurück, ich war es doch, die sich dauernd um Mutter gesorgt und alles dafür getan hat, dass es ihr wieder besser ging, ich hatte stets den Eindruck, dich kümmert das viel weniger, und du gehst einfach Tennis spielen, während ich mich um sie sorge. Ja, sagt er und bleibt dabei ganz ruhig, ich weiß, du hast es eben aus deiner Sicht erlebt.

Dann spricht er weiter, und zuerst macht es den Eindruck, als ob er mich vom Thema ablenken wollte. Erinnerst du dich an die Feste, die Mutter trotz allem regelmäßig veranstaltete? Erinnerst du dich auch an Lorenzo, der geholfen hat, alles zu organisieren? Klar, Lorenzo, der freundliche, hilfsbereite Italiener. Nach Vaters Weggang war er es, der unsere Kinderspielzeuge reparierte, unsere Fahrzeuge, der Musikanlagen montierte, dafür sorgte, dass Türen dicht schlossen, er war das Faktotum im Haus, und wenn er nicht bei uns war, arbeitete er drei

Häuser weiter als Kellner in einer Pizzeria, war also stets erreichbar. Ich habe ausgesprochen gute Erinnerungen an ihn. Was macht er eigentlich?

Philipp setzt sich neben mich in den großen Sessel, wie wir es oft als Kinder taten, wenn wir uns einen Krimi anschauten und ich nicht alleine sitzen wollte, er legt seinen Arm um meine Schulter und sagt nach einer langen Pause fest und entschlossen: Lorenzo war der Liebhaber unserer Mutter. Zuerst wird mir beinahe übel, alles in mir bäumt sich auf, nein, das ist nicht wahr, schreie ich ihn an, du lügst, du erfindest die scheußlichsten Geschichten, um mich zu quälen, das kann nicht sein! Ich bin derart empört, allein die Vorstellung, dass sich meine Mutter von Lorenzo, diesem zwar durchaus attraktiven, aber doch weit unter ihrem Niveau stehenden Kellner berühren ließ, verschlägt mir beinahe den Atem. Was bildet sich dieser Mann eigentlich ein! Unsere wunderbare Mutter! Meine Wut richtet sich plötzlich gegen Philipp, der sich diese Ungeheuerlichkeit wohl ausgedacht haben muss, um meine Mutter noch über ihren Tod hinaus zu demütigen, als ob sie nicht schon genug mitgemacht hätte. Aber meine Stimme versagt, und ich bringe keinen Ton mehr heraus. Doch, es ist so, wie ich es dir sage, wiederholt Philipp und bleibt dabei ganz ruhig und vor allem ernst, ja sehr ernst und wahrhaftig: Lorenzo war der Liebhaber unserer Mutter.

Und dann folgt der Rest. Unsere Mutter, spricht er weiter, hat sich, wenige Wochen nachdem Vater bei uns ausgezogen war, mit Lorenzo sozusagen getröstet. Aber sie hoffte doch insgeheim, dass sich mit Vater alles wieder zum Guten wendet, widerspreche ich, nein, sagt er bestimmt, sie wollte ihm vor allem zeigen, dass es durchaus auch ohne ihn geht.

Jedes Mal, wenn er Vater besucht habe, habe sie ihn hinterher ausgefragt, ob Vater wohl etwas davon ahne, dass sie einen Liebhaber (und was für einen!) habe. Diese Fragen haben mich stets in eine schwierige Situation gebracht, erzählt er weiter. Ich wollte meinen Vater nicht mit diesen Geschichten belasten, schließlich litt auch er unter der Trennung, aber ebenso lag es mir fern, Mutter zu kränken, so musste ich mich eben irgendwie herauswinden. Vor allem aber ging es Mutter darum, ihren Trennungsschmerz erträglicher zu machen, erklärt er.

Mir ist schwindelig. Tausend Gedanken schießen wirr in meinem Kopf herum. Weshalb habe ich denn davon nichts bemerkt, sondern nur immer das Bild von der durch die Trennung und Scheidung zermarterten Mutter vor Augen? Offenbar war sie doch eine gute Schauspielerin. Philipp sagt entschuldigend, er habe die Sache mit Lorenzo von Anfang an mitbekommen, und Mutter sei ihm gegenüber auch ganz offen und ehrlich gewesen, habe nichts zu vertuschen versucht, Philipp, habe sie zu ihm gesagt, es ist die einzige Möglichkeit für mich, einigermaßen zu überleben. Er habe das akzeptiert, aber ihnen beiden sei klar gewesen, dass ich nichts davon erfahren durfte. Philipp wollte mich vor einer weiteren Enttäuschung bewahren, denn er sei sicher gewesen, dass ich Lorenzo als Vaters Nachfolger niemals akzeptiert und mich dieses Wissen zweifellos in einen zusätzlichen Konflikt gebracht hätte.

Er sei eigentlich sicher gewesen, dass Lorenzo für Mutter nur ein Notpflaster gewesen sei, um nicht ständig an die erlittene Kränkung mit Vater denken zu müssen. Lorenzo hingegen habe unsere Mutter abgöttisch geliebt, sie geradezu angebetet, verehrt, sie auf Händen getragen, ihr alles durchgehen lassen, ihre Launen mit einer Eselsnachsicht ertragen, einmal sei sie sehr freundlich zu ihm gewesen, und schon in der nächsten Minute habe sie mit großer Ablehnung auf ihn reagiert, dabei habe sie ihre immer wieder neu zelebrierte Trauer um die verlorene Liebe inszeniert, oft habe er ihm sogar etwas Leid getan. Aber er habe auch gesehen, dass die Anwesenheit von Lorenzo die Mutter vorübergehend zu beruhigen vermochte, deshalb sei er auch um diese Erleichterung froh gewesen, und manchmal habe er sogar so etwas wie Dankbarkeit Lorenzo gegenüber empfunden. Mutter hätte sich auch niemals öffentlich mit ihm gezeigt, das wäre ihr doch sehr peinlich gewesen, was wiederum Lorenzo sehr entgegenkam, da er verheiratet war. Schließlich sei es auch Lorenzo gewesen, der für die Chrysanthemen-Dekoration ab November zuständig gewesen sei, er habe alles herbeigeschafft, die vielen Blumenstöcke gepflegt und gegossen, damit sie ja lange erhalten blieben. Und jetzt kannst du dir ja auch denken, wer die Chrysanthemen aufs Grab gebracht hat. Das war's also.

Ich bin irgendwie einer völlig falschen Geschichte aufgesessen. Es fühlt sich nicht gut an, wie wenn ich irgendwie hinters Licht geführt worden wäre. Ich war mit Mutters Leid derart beschäftigt, dass ich manchmal gar nicht mehr zwischen ihr und mir zu unterscheiden vermochte, während sie sich hinter meinem Rücken vergnügte. Nur habe ich leider vom vergnüglichen Teil nichts mitbekommen. Vielleicht wäre es mir dann auch besser gegangen, jedenfalls hätte sich das Mitleid für meine Mutter wohl in einem erträglichen Rahmen gehalten und wäre mir nicht derart unter die Haut gekrochen. Meinem Bruder bin ich nicht böse, ich weiß nun, was er alles auf sich genommen hat, nicht nur für mich, sondern auch für Mutter und irgendwie auch für Lorenzo. Schließlich war ja auch er noch beinahe ein Kind. Allmählich beginne ich zu begreifen, dass ihm meine Mutter Aufgaben aufgebürdet hat, die eigentlich viel zu groß für ihn waren. Trotzdem hält sich auch der Groll auf meine Mutter in Grenzen. Ich schaffe es einfach nicht, so richtig wütend auf sie zu sein.

Wir reden noch über Details, ich will wissen, wie es denn Mutter eingefädelt hat, dieses Liebesverhältnis zu haben, ohne dass ich davon etwas mitbekam. Ja, ich erinnere mich an Wochenenden, an denen sie wegfuhr, zur Wochenenderholungskur, wie sie sagte, und wir alleine waren und es sehr genossen, einmal ganz unter uns zu sein. Und wie haben sie es denn organisiert, wenn sie sich vor uns getroffen haben? Kein verdächtiger Blick, keine Berührung, nichts, kein liebevolles Wort? Erinnere ich mich richtig, dass sie sich sogar per «Sie» angesprochen haben? Ja, das ist richtig, bestätigt Philipp. Ich stolpere in ein Wechselbad von Empörung und Dankbarkeit. Einerseits bin ich wütend, dass es mir beinahe die Sprache verschlägt, andererseits finde ich keine passenden Worte des Dankes. Denn jetzt erst wird mir klar, was Philipp alles für mich getan hat, schließlich wollte er mich vor zusätzlichen Belastungen bewahren. Aber im Nachhinein bin ich nicht sicher, ob es nicht doch besser gewesen wäre, mir die Wahrheit zu sagen. Ich schaue ihm direkt ins Gesicht und sage, was hätte ich nur getan ohne dich, Philipp ist sichtlich gerührt über diese direkte Liebesbezeugung meinerseits, ist schon gut, Schwesterchen, sagt er und tätschelt meine Schulter. Ja, dieses beruhigende Tätscheln, das ich so gut kenne und das ich oft als eine Geste seiner Überheblichkeit oder gar als abwertend empfunden habe, das aber als Trost des großen Bruders gemeint war, der damals auch noch ein Kind war.

Wir verabschieden uns. Und dann umarmen wir uns lange, ohne zu reden. Ich denke: Bruderherz, Bruderoase, meine konstanteste Liebesbeziehung bist du, bewährt über Jahrzehnte. Danke.

Es geht gegen Mittag. Die Sonne ist allmählich durch den Nebel gedrungen. Noch immer ist es kalt. Ich gehe zum Auto. Was soll ich nun mit meinen Chrysanthemen machen? Zu Hause in eine Vase stellen? Ausgeschlossen! Dieser Grabgeruch kommt mir nicht in unsere Wohnung. Irgendwo auf den Müll werfen und vermodern lassen wie eine alte Geschichte, die sich als Erinnerung in einzelne Segmente zersetzt und irgendwann auflöst und vielleicht einmal endgültig und für immer in der Unendlichkeit versinkt? Nein. Ich will der Geschichte selbst ein Ende setzen.

Ich habe Zeit, niemand wartet auf mich, Stephan ist bei der Arbeit. Meine Arbeitsstelle bin ich los. Max ist tot. Ich fahre in die nahe gelegene Grenzstadt, dorthin, wo eine Brücke über den Fluss führt, dort will ich die

Blumen in die Strömung hinunterwerfen und ihnen so lange nachschauen, bis sie meinem Blick entschwunden sind. Doch an diesem Morgen ist die Brücke wegen eines Unfalls gesperrt, und da mir niemand sagen kann, wann die Straße wieder geöffnet wird, will ich nicht einfach ins Blaue hinaus warten. Ich fahre am Flussufer entlang, suche einen Parkplatz, steige aus und suche am Ufer nach einer geeigneten Stelle. Der Boden ist durch den Frost ziemlich fest, aber er ist glitschig, und ich muss aufpassen, dass ich nicht samt den Blumen auf der Erde lande. Ich halte mich mit der einen Hand an einem Ast fest, beuge mich weit vor und werfe hastig mit einem großen Schwung den Blumenstrauß an der nächstbesten etwas herausstehenden Kante ins Wasser, schon will ich mich darüber freuen, dass ich ihn so mühelos losgeworden bin, dann aber sehe ich, dass er sich beharrlich weigert, sich von der Strömung des Wassers forttragen zu lassen, er planscht und schaukelt vor meinen Augen herum, als ob er mich ärgern wollte, bis er schließlich, nur ein paar Meter weiter unten, an einem Strauch hängen bleibt. Ich turne an der abfallenden, aalglatten Uferböschung entlang, bis ich ihn wieder herauszufischen vermag, mit einiger Mühe allerdings, der Erdboden ist alles andere als für solche Unternehmungen geeignet, je näher am Wasser, umso aufgeweichter ist er, meine Schuhe haben schon deutliche Spuren des Manövers abbekommen, aber ich kann schließlich den Strauß nicht einfach so halb entsorgt hängen lassen. Ich habe eine klare Vorstellung, wie ich ihn für immer loswerden kann, und ich will nicht aufgeben, bis ich die Chrysanthemen in den Kreislauf der Zeit zurückgegeben habe, in die Strömung des Flusses, wo sie zum Anfang oder zum Ende getragen werden, irgendwohin, wo sie einfach nichts mehr mit mir zu tun haben.

Ich muss ziemlich lange suchen und wandere ein längeres Stück am Fluss entlang, schlage mich durch Wurzelwerk, Gestrüpp und streckenweise über große Steine direkt am Wasser. Ich werde nicht eher ruhen, als bis ich eine passende Abwurfstelle gefunden habe. Und während ich suche, kommt mir aus unerfindlichen Gründen die Geschichte mit Roger in den Sinn, diese Affäre, die doch eigentlich gar keine war, nur ein Notpflaster, um nicht an der eigenen Fantasie von der Küchenschürze in der Kajüte überzuschnappen. Genau genommen ist es ja nicht einmal eine Affäre gewesen, bis jetzt war es für mich immer fraglos, dass etwas, was sich nicht ereignet hat, auch nicht als feste Tatsache behandelt werden muss. Es wäre mir nie in den Sinn gekommen, Stephan etwas davon zu erzählen. Was hätte ich denn sagen sollen! Da war etwas, was doch nicht war, oder so ähnlich? Inzwischen bin ich mir nicht mehr sicher. Ich will irgendwie einen Schlussstrich ziehen und dazu gehört vielleicht eben auch, alle Karten auf den Tisch zu legen.

Bevor ich noch zu einem endgültigen Entschluss gelange, entdecke ich einen kleinen erhöhten Vorsprung wie eine Nase, die sich über das Wasser neigt, der mir für mein Vorhaben geeignet erscheint. Ich kraxle die nasse und glitschige Wiesenböschung hinauf, bleibe noch an einem spitzen Ast hängen, der da quer aus einem Gebüsch herausragt und der mir einen langen Schlitz in den

Ärmel meines beigen Kaschmirmantels, einem kostbaren Erbstück meiner Mutter, reißt, endlich oben angelangt, postiere ich mich auf der äußersten Kante und verliere dabei beinahe noch mein Gleichgewicht, kann mich aber noch rechtzeitig an einem großen Stein festhalten, aber dann, dann werfe ich die inzwischen ziemlich zerzausten Chrysanthemen mit einem letzten großen Schwung ins Wasser, dabei bin ich derart erleichtert, dass ich vergesse, noch passende Worte hinterherzurufen, und erst danach bemerke ich, dass ich mir meine linke Hand aufgeschürft habe. Das Blut wische ich einfach am Mantel ab. Zuerst sieht es so aus, als ob das Gebinde an Ort und Stelle bleiben würde, beinahe unbeweglich verharrend, der Flussströmung trotzend, dann aber beginnt es, sich im Kreis zu drehen, und dann, ganz plötzlich, wie von unsichtbarer Hand am Schopf gepackt und zum Tanz aufgefordert, ergreift die Strömung den Blumenstrauß und zieht ihn flussabwärts, die drehende Bewegung geht in ein sanftes Wiegen über, bis er einem unsichtbaren Lauf folgt. Gebannt verfolge ich dieses Schauspiel, bis der Strauß allmählich ganz aus meinem Blickfeld verschwindet.

Ich bin sehr erleichtert und mache mich zurück auf den nicht unbeschwerlichen Weg zu meinem Auto, der mir aber nichts mehr anhaben kann. Die kalte Luft des Novembermorgens steigt mir wohltuend in die Nase, als ob es sich um einen reinigenden Vorgang handelt. Ich atme tief ein, der kühle Atemstrom steigt in meinen Kopf, breitet sich aus, und es fühlt sich an, wie wenn sich eine verkrampfte Faust ganz vorsichtig löst. Der Schmerz des zurückkehrenden Gefühls ist beinahe wie der Beginn eines neuen Lebens. Und in diesem Moment fühle ich mich wie ein neugieriges Kind, das es nicht erwarten kann, endlich loszulegen und die Welt zu erkunden. Ich schlendere noch bis in den späten Nachmittag hinein in diesem undefinierbaren Taumel von melancholischem Beschwingtsein den Fluss entlang.

Trotzdem komme ich gegen Abend ziemlich mitgenommen zu Hause an, wie wenn ich einen Kampf ausgefochten hätte, flankiert von einem zerrissenen, blutverschmierten Mantelärmel und völlig verdreckten und durchnässten Schuhen.

Was ist geschehen, wo warst du denn so lange, fragt Stephan. Ich mag im Moment nicht reden.

Morgen will ich dir alles erzählen.

Julia Onken bei C.H.Beck

Altweibersommer
Ein Bericht über die Zeit nach den Wechseljahren
2., unveränderte Auflage. 2005. 184 Seiten. Paperback
Beck'sche Reihe Band 1468

Eigentlich ist alles schief gelaufen
Mein Weg zum Glück
2. Auflage. 2005. 172 Seiten. Paperback
Beck'sche Reihe Band 1601

Feuerzeichenfrau
Ein Bericht über die Wechseljahre
294.-314. Tausend. 2006. 207 Seiten. Paperback
Beck'sche Reihe Band 352

Geliehenes Glück
Ein Bericht aus dem Liebesalltag
152. Tausend. 2003. 222 Seiten. Paperback
Beck'sche Reihe Band 455

Vatermänner
Ein Bericht über die Vater-Tochter-Beziehung
und ihren Einfluß auf die Partnerschaft
151.-163. Tausend. 2006. 205 Seiten. Paperback
Beck'sche Reihe Band 1037

Wenn du mich wirklich liebst
Die häufigsten Beziehungsfallen und wie wir sie vermeiden
50. Tausend. 2001. 212 Seiten. Paperback
Beck'sche Reihe Band 1415

Julia Onken/Maya Onken
Hilfe, ich bin eine emanzipierte Mutter
Ein Streitgespräch zwischen Mutter und Tochter
2006. 236 Seiten. Paperback
Beck'sche Reihe Band 1710

Frau und Gesellschaft

Elisabeth Beck-Gernsheim
Die Kinderfrage heute
Über Frauenleben, Kinderwunsch und Geburtenrückgang
2006. 175 Seiten. Paperback
Beck'sche Reihe Band 1751

Gisela Bock
Frauen in der europäischen Geschichte
Vom Mittelalter bis zur Gegenwart
2005. 393 Seiten. Paperback
Beck'sche Reihe Band 1625

Martin Borré/Thomas Reintjes
Warum Frauen schneller frieren
Alltagsphänomene wissenschaftlich erklärt
8. Auflage. 2006. 176 Seiten mit 29 Grafiken im Text. Paperback
Beck'sche Reihe Band 1647

Ute Gerhard/Trudi Knijn/Anja Weckwert
Erwerbstätige Mütter
Ein europäischer Vergleich
2003. 253 Seiten. Paperback
Beck'sche Reihe Band 1514

Cathrin Kahlweit
Jahrhundertfrauen
Ikonen - Idole - Mythen
2. Auflage. 2001. 331 Seiten. Paperback
Beck'sche Reihe Band 1301

Alfons Kaiser/Susanne Kusicke
Poncho, Parka, Prada-Täschchen
Kleines Glossar der unentbehrlichen Kleidungsstücke
2006. 208 Seiten mit 50 Illustrationen von Markus Winkler.
Paperback
Beck'sche Reihe Band 1718

Literatur

Gilbert Adair
Mord auf ffolkes Manor
Eine Art Kriminalgeschichte
Aus dem Englischen von Jochen Schimmang
4. Auflage. 2006. 295 Seiten. Gebunden

Anthony Doerr
Winklers Traum vom Wasser
Roman
Aus dem Englischen von Judith Schwaab
2005. 488 Seiten. Gebunden

David Foenkinos
Größter anzunehmender Glücksfall
Roman
Aus dem Französischen von Christian Kolb
2006. 224 Seiten. Gebunden

Paula Fox
Luisa
Aus dem Englischen von Alissa Walser
2. Auflage. 2005. 443 Seiten. Gebunden

Sudhir Kakar
Liebe aus Indien
Moderne Erzählungen
Aus dem Englischen von Claudia Arlinghaus
2006. 278 Seiten. Gebunden

SAID
Außenhaut Binnenträume
Gedichte
2002. 98 Seiten. Klappenbroschur